KB212844

뉴노멀생사학교육총서

3

나는 집에서 죽음을 맞고 싶다
죽음의 질을 이야기하다

임연옥 · 하정임 지음

박문사

뉴노멀생사학교육총서 3

나는 집에서 죽음을 맞고 싶다
죽음의 질을 이야기하다

초판인쇄	2025년 01월 23일
초판발행	2025년 01월 31일

지 은 이	임연옥·하정임
발 행 인	윤석현
책임편집	최인노
발 행 처	도서출판 박문사
등록번호	제2009-11호
우편주소	서울시 도봉구 우이천로 353
대표전화	(02) 992-3253
전 송	(02) 991-1285
전자우편	bakmunsa@daum.net

ⓒ 임연옥·하정임, 2025.

ISBN 979-11-92365-84-8 (04200) **정가** 10,000원

나는 집에서 죽음을 맞고 싶다
죽음의 질을 이야기하다

사람들은 자기가 살던 집에서 사랑하는 가족에게 둘러싸여 편안하게 눈을 감게 되기를 소망한다. 불과 30년 전만 해도 사람들은 대부분 살던 집에서 임종하였다. 2023년 사망자 중 의료기관에서 생을 마감하는 사람의 비율이 75%를 넘는다. 생애 말기에 병원에서 검사와 진단을 반복하며 치료로 연명하다가 결국 병원을 벗어나지 못하고 죽음을 맞는다. 이러한 죽음의 질이 좋다고 장담하기 어렵다. 그래서 죽음의 질에 대해 생각해 보고 논의를 시작하는 계기가 되길 바라며, 유가족의 임종기 돌봄과 임종 경험의 이야기를 들어본다.

머리말

2020년에 닥친 코로나19는 국가적 재난 상황을 가져왔고, 2000년 이후 우리 사회에서 중요하게 다루어 오던 '삶의 질'과 '웰빙'이라는 주제로부터 '죽음'으로 우리의 시선을 돌렸다. 불행한 죽음', '격리된 죽음', '통상적인 장례 절차를 무시한 선 화장 후 장례', '일상화된 죽음의 공포' 등이 뉴스 헤드라인을 장식하였고, 평화로운 일상생활은 공포로 가득 찬 죽음에 잠식당하였다.

코로나19로 첫 사망자가 나온 지 4년이 지난 지금까지 약 3만 6천 명이 사망하였다. 그런데 어느새 충격과 공포 자체였던 죽음이 우리 일상에서 잊혀 가고, 죽음에 대한 성찰조차 제대로 하지 않은 채 둔감하게 살아가고 있다.

2022년 80세 이상의 사망자 수가 20만 493명, 70대 7만 6,621명, 60대 4만 8,998명으로 60대와 70대의 사망자 비율이 33.7%, 80대 이상의 사망자 비율이 53.5%로 전체 사망자 중 약 88%가 고령자였다. 1차 베이비붐 세대(1955년~1963년생)가 이미 노년기에 들어서서 고령자 수는 급증하고 있으며 사망하는 고령자 수도 지속해서 늘어날 것이다. 그렇다면 고령자들은 마지막 순간을 어디서 맞기를 바라며, 어떤 죽음을 바랄까? 그리고 실제 어디에서 죽음을 맞이하며, 죽음의 질은 어떠할까?

30년 전만 해도 대부분의 사람이 자신이 살아온 집에서 가족에게 둘러싸여 사망하였다. 보건복지부가 발표한 '2023년 인구동향조사'에 따르면, 2023년 65세 이상의 사망자 중 77.4%가 병원이나 요양병원과 같은 의료기관에서 죽음을 맞이하였고, 14%만이 집에서 죽음을 맞았다. 상당수의 고령자가 자기가 살던 집에서 죽음을 맞이하길 원하지만, 실제로는 고령자가 병원이나 요양병원 또는 노인요양시설에서 죽음을 맞이하고 있고, 그 추이는 계속될 것으로 보인다.

생애 말기의 환자는 중환자실과 일반병실, 그리고 요양병원과 응급실을 반복해서 오가는 '연명 셔틀'을 하다가 죽음을 맞거나, 병원에서 반복되는 검사와 진단, 그리고 치료로 연명하다 결국 병원을 벗어나지 못하고 죽음을 맞는 '죽음의 의료화'의 희생양이 되고 있다. 연명 셔틀과 죽음의 의료화 탓에 죽음의 과정은 더 길어지고, 당사자와 가족들이 받는 고통의 시간도 길어지고 있다. 과연 우리 사회는 이러한 죽음을 바람직하다고 여기는 것일까? 이러한 죽음을 당연하게 받아들일 준비가 되어 있는가?

　고령자들은 나이가 들어서 자립생활이 어려워지고 누군가의 보살핌이 필요해지더라도 요양시설이나 요양병원에 가지 않고 자신이 살던 친숙한 집과 지역에서 계속 살면서 노후를 보내기를 바란다. 이것을 'Aging in place'라고 한다.
　국내외 연구를 살펴보면 대다수 노인이 집에서 임종을 맞기 원하며, 그 이유로 자신이 익숙하고 편안함을 느끼는 집에서 가족들과 함께 존엄하게 임종을 맞을 수 있기 때문이라고 밝히고 있다. 결국 'Aging in place'는 나이가 들어 죽음에 이르는 순간까지 존중받으며 존엄하게 보살핌을 받고, 종국에는 집에서 편안하게 임종하는 것까지를 포함한다. 따라서 생애 말기의 삶의 질이 곧 죽음의 질로 연결될 수밖에 없다.

　생애 말기에 들어서면 'Aging in Place'의 큰 틀 안에서 존엄한 돌봄, 존엄한 죽음, 좋은 죽음, 웰다잉 등이 화두로 등장하고, 이를 위해 '죽음의 질'이 보장되어야 함이 강조된다. 2010년과 2015년 EIU(Economist Intelligence Unit)는 국가별로 '죽음과 임종의 질'을 평가하여 순위를 매기는 연구를 진행하였다. 2010년과 2015년의 두 평가는 완화치료를 위한 국가 전략의 존재와 의료 전문가의 인력 비율과 같은 요인들을 기

반으로, 정확하게는 완화의료의 질을 객관적으로 평가하였다. 우리나라의 죽음의 질은 2010년에는 OECD 40개 국가 중 32위를 기록했고 2015년에는 18위로 개선되었다.

이 보고서의 발표로 정부 및 학계는 우리나라의 의료수준이 비록 높긴 하지만, 죽음의 질을 개선하기 위한 사회적 노력이 시급함을 인식하게 되었다. 그런데 이 죽음의 질에 대한 조사는 암 환자 중심으로 한 완화치료와 간병 체계에 초점을 맞추고 있으며, 노인이 선호하는 장소에서 죽음을 맞을 수 있는 권리를 보호하기 위한 부분은 전혀 고려하지 않고 있다.

죽음이란 지극히 개인적인 경험이며, 죽음의 질이란 죽음에 이르는 생의 마지막 순간까지의 삶의 질을 의미한다. 죽음의 질을 제대로 평가하기 위해서는 고인이 받은 임종기 돌봄과 그들이 경험한 임종에 대해 주관적인 평가를 들어야 알수 있다. 그러나 이는 불가능한 일이며, 유가족의 이야기를 통해 간접적으로 짐작할 수밖에 없다.

이러한 맥락에서 이 책은 유가족의 목소리를 통해 자신이 살던 집 또는 집과 같은 편안한 환경에서 평화롭게 그리고 존엄하게 임종하기를 원하는 고령자의 소망과 그 소망을 이루기 힘들었던 여러 복잡한 상황에 대해 들어봄으로써 죽음의 질을 파악해 보고자 기획되었다.

이 책은 2022년~2023년 한국연구재단의 지원을 받아 수행된 '코로나 이후 시대의 죽음 경험' 연구에서 사례들을 바탕으로 작성되었다. 2023년 2월부터 4월까지 인터뷰 당일 기준 2년 이내에 배우자나 노부모와 사별한 스무 가족을 만나서 임종기 돌봄과 임종 상황에 대해 인터뷰하였다. 20가족이 23분의 배우자 또는 부모님과 사별하였다. 사망원인을 보면, 폐렴 6명, 코로나19 또는 코로나19 치료 후유증으로 사별한 경우가 6명이었고, 암을 비롯한 노환 8명, 기타 3명이었다. 사망 장소는 5명이 자택, 8명이 병원의 중환자실이나 일반병실 또는 응급실, 6명이 요양병원, 2명이 호스피스병동, 그리고 코로나집중치료센터와 요양시설에서 2명이 사망하였다. 20분의 유가족에 대한 인터뷰가 순조롭게 진행될 수 있었던 것은 김영희 박사의 도움이 컸다.

거의 비슷한 시기인 2023년 고령사회연구소 김영범 교수가 연구책임자로 한국연구재단의 지원을 받아 수행한 '돌봄이 필요한 노인을 위한 Aging in Place 체계 구축' 연구 중에서 생애 말기 노부모를 돌본 성인 자녀 9명의 인터뷰 내용도 활용하였다. 이 중에는 치매 노부모 돌봄과 임종 사례가 포함되어 있다. 이 외에 평소 알고 지내던 지인들로부터 노부모와 사별하는 과정에 대해 들은 이야기와 저자 임연옥이 직접 경험한 바가 2장, 5장, 6장, 그리고 9장에서 다루어지고 있다.

"죽음과 주사위는 모두에게 평등하다." 새뮤얼 푸트(Samuel Foote)의 말이다. 누구도 죽음을 피할 수는 없다는 점에서 죽음은 평등하고 공평해 보인다. 그렇지만 삶을 마감하는 과정과 그 모습은 결코 같을 수 없다. 그럼에도 유족들에게 들었던 많은 이야기 중에서 죽음의 질과 관련하여 보편적이면서도 반복되어 나오는 공통적인 에피소드를 모아 9개 장을 구성하였다. 그리고 마지막 장은 죽음의 질의 현재를 정리하고, 미래의 죽음의 질에 대한 고민을 정리하였다.

고인의 마지막 여정과 그 시간을 지켜본 경험을 허심탄회하게 이야기해 준 많은 유가족과 지인이 있었기에 이 책이 나올 수 있게 되었다. 그분들께 감사드린다.

차례

일러두기

이 저서는 2022년 대한민국 교육부와 한국연구재단의 지원을 받아 수행된 연구임 (NRF-2022S1A6A3A01094924)

제1장
적절한 환경에서 임종하기

국내외를 막론하고 많은 고령자가 자신이 살아온 집에서 돌봄을 받다가 사랑하는 배우자와 자식에게 둘러싸여 편안하게 임종하기를 소망한다. 그런데 실제 우리나라 65세 이상 고령자 중 집에서 죽음을 맞는 고령자는 고작 14%에 그치고 있다. 대다수가 병원, 요양병원, 또는 요양시설에서 죽음을 맞고 있다. 그곳이 편안하고 존엄하게 삶을 마무리할 수 있는 적절한 환경이라고 장담할 수 있을까?

임종하기에 부적절한 장소들

　전통사회에서는 부모님의 병세가 심해져 회복하기 어렵다고 판단되면 안방 아랫목으로 자리를 옮겨드린 후 깨끗한 옷으로 갈아입혀 드리고 자식들이 부모님의 손발을 잡고 곁을 지켰다. 그리고 가족은 방을 비우지 않고 환자가 유언을 남기면 듣고 받아 적었다.

　그런데 지금은 고령자들이 집에서 가족의 돌봄을 받기보다는 병원이나 요양병원 등에서 치료를 받고 타인의 돌봄을 받으며 연명한다. 그리고 가족들은 임종 시점에 가까워졌다는 연락을 받고 병원으로 달려가 배우자나 부모님이 숨을 거두는 순간을 침대 옆에서 지켜본다.

　그런데 병원이나 요양병원에 임종실이 별도로 준비된 곳이 많지 않다. 1인 병실로 옮겨서 임종할 수도 있지만, 그에 따른 비용 문제가 발생하기도 하고, 병원 측에서는 임종할 사람을 위한 1인 병실의 여유를 두기가 쉽지 않다. 결국 가족과 마지막 인사를 나누기에 결코 적절하지 못한 공간, 예를 들어 중환자실, 가림막이 쳐진 다인 병실, 간호사실의 처치실 같은 비좁은 뒷공간, 응급실 등에서 임종하는 경우가 적지 않다. 이러한 곳에서의 죽음이 편안하고 존엄하다고 할 수 있을까! 그리고 비통한 마음의 가족들은 충분히 애통해할 수 있을까?

아버지가 집에서 죽고 싶다고 하였으나 가정간호 서비스로는 도저히 통증이 조절되지 않았고, 간병하는 어머니가 너무 힘들어하셔서 아버지를 요양병원으로 모실 수밖에 없었던 딸은 아버지 관점에서 죽음의 질은 0점이었을 것이라고 말하였다. 왜냐하면 아버지는 가족이 당신을 병원에 갖다 버린 것으로 여기셨고, 결국 당신의 소망대로 집에서 임종하지 못하셨기 때문이다. 반면 시아버님의 죽음의 질은 5점으로 평가하였는데, 시아버님은 시어머님의 간병을 받으며 집에서 임종하셨기 때문이다.

폐렴으로 종합병원 중환자실에 입원하였다가 다인 병실로 옮겨서 치료받으시던 아버지 상태가 점차 악화되고 있었다. 위독한 상태임에도 불구하고 의식이 명료한 아버지는 중환자실에는 다시는 들어가기 싫다고 강력하게 의사를 밝히셨다. 그러던 중 딸은 "아버지가 오늘은 넘기지 못할 것 같다."라는 연락을 받고 황급하게 병원으로 달려갔다. 딸이 아버지가 누워 있는 침대를 발견한 곳은 병실이 아닌 간호사실 뒤 약품과 처치 재료를 놓아두는 창고 같은 공간이었다. 간호사는 다인실에서 임종하는 것은 다른 환자들에게 좋지 않은

15

영향을 미친다고 판단하였다. 그래서 간호사는 임종할 공간으로 아버지를 옮겨야만 했는데 그럴만한 마땅한 공간이 없었다고 한다. 딸은 간호사실 뒤 창고 같은 공간에서 아직 희미하게나마 의식이 있는 아버지 손을 잡아드리고 마지막 인사를 하고 아버지의 임종을 지켰다.

남편을 병원 중환자실에서 보낸 아내 이야기이다. 갑자기 호흡곤란이 온 남편은 응급실을 통해 입원하여 중환자실에서 두 달을 지냈다. 종합병원에서는 두 달 이상 지낼 수가 없다고 하여 간병인 1명이 중환자 5명을 돌보는 요양병원 중환자실로 남편을 옮기게 되었다. 옮긴 지 3개월이 다 되어가던 어느 날 아침, 병원에서 급하게 오라는 연락을 받고 아들과 딸에게 연락하여 달려갔다. 다른 환자 4명이 옆에 나란히 누워 있는 중환자실에서, 침대를 둘러친 칸막이 안 침대에 누워 있는 남편 손만 잡고 아무 말도 하지 못하고 숨죽여 울면서 임종을 지켰다.

응급실에서 아버지 사망 판정을 받은 두 사례가 있다. 첫 번째 사례는 자식의 이기심에 응급실에서 사망 판정을 받았고, 두 번째 사례는 낙상으로 인한 위급한 상황에서 응급실에 갈 수밖에 없었다.

첫 번째 사례. 아버지는 집에서 임종하고 싶다고 여러 번 이야기했지만, 아들의 생각은 그렇지 않았다. 아버지가 집에서 사망하실 경우, 경찰이 집에 오가는 것도 번거롭고, 집에서 돌아가시면 집에서 장례를 치러야 하는데 집에서는 장례를 치를 수 없다고 생각했다. 아들은 장례를 편하게 치르기 위해서 사망 직전에 응급실로 가서 사망진단을 받고 병원 장례식장으로 이동해야 한다고 생각했고, 실제 그렇게 하였다.

두 번째 사례. 목디스크 수술의 후유증인지 고혈압 후유증인지 정확히 알 수 없으나 아버지는 다리에 힘이 없어서 지팡이를 짚고 걸으셨고, 가끔은 휠체어를 사용하셨다. 다리가 자꾸 더 굽는 것 같아서 서울과 지방에 있는 큰 병원에 몇 번이나 입원하여 치료받았는데 그때마다 아버지는 병원에서 지내는 것을 무척 싫어하셨다. 자식들은 어머니가 아버지를 간병하기에 너무 힘들므로 요양병원에 모시자고 하였다. 그러나 어머니는 아버지의 의식이 또렷한데 그렇게 할 수 없다며 집에서 손수 돌보셨다. 아버지는 평소 "내가 누워 있게 되어도 절대 요양병원에는 보내지 마라. 거기 가면 다 죽어서 나온다고 하더라. 나는 그게 싫다. 그냥 죽더라도 집에서 죽겠다."라고 말씀하시곤 하셨다. 그런데 아버지는 새벽에 갑자기 쓰러지셨고, 병원 응급실로 이송된 후 그곳에서 돌아가셨다.

또 다른 유가족의 아들은 요양시설에서 계시던 어머니가 간병인이 잠시 자리를 비운 사이 임종하셨음을 이야기하였다. 임종을 지키지 못한 아들은 "돌아가시는 분이 본인이 평소에 편안하게 활동하고 거주했던 그런 공간에서 가족들이나 친지들이 돌보고 그들이 지켜보는 가운데 임종을 하시는 것이 낫지 않을까?"하는 바람직한 임종 환경에 대해 의견을 피력하였다.

요양시설과 병원의 임종실

종합병원 중환자실에 계시던 시어머니를 병원의 배려로 1인실로 옮겨 임종을 지킨 한 며느리는 "요양병원 조그마한 병실의 침대에 누워서만 지내다가, 병원 중환자실에 갇혀서 자식도, 형제도 보지 못하고 죽기보다는 차라리 바깥에 나와서 행복하게 한두 달이라도 살다가 돌아가시는 게 더 낫지 않았을까?"하는 생각이 들었다고 한다.

마지막 인사를 나눌 수 있는 공간으로 임종실이 따로 마련된 병원이 많지 않다. 인터뷰에 응한 20가족 중 임종실에서 임종한 사례는 없었다.

2024년 7월 24일 보건복지부는 개정된 '의료법 시행규칙'에 따라 2025년 8월부터 300병상 이상의 종합병원과 요양병원에 임종실 설치와 운영을 의무화한다고 발표하였다. 이제까지는 임종실을 의료기관별로 자율적으로 설치하게 되어 있었고, 건강보험의 비급여 항목이었다.

임종실이 마련된다는 소식이 반갑기는 하지만, 300병상 이상 종합병원과 요양병원으로 국한된 임종실 의무화가 집과 같은 편안한 환경에서 맞는 존엄한 죽음의 충분조건이 될까? 하는 의문은 여전히 남는다.

재택 임종을 위해 가정형 호스피스

인터뷰 대상자 중의 한 사람인 간호사로부터 전해 들은 이야기이다. 지인이 병원에 입원하는 호스피스가 아니라 자기 집에서 '가정형 호스피스'를 받으며 자택에서 임종을 맞았다고 한다. 통증과 증상을 조절 받을 수 있도록 최소한 일주일에 한 번씩 의사, 간호사, 사회복지사 등이 가정방문을 해서 서비스를 제공하여 집에서 지낼 수 있었고, 만나고 싶은 가족이나 지인, 그리고 성직자들을 만나며 생을 마무리하였다고 한다. 이 간호사 역시 약간의 경제적 여유가 있어서 가정형 호스피스서비스를 이용할 수 있다면, 요양시설이나 병원 같은 곳이 아닌 집에서 생을 마무리하고 싶다는 소망을 이야기하였다.

남편의 임종을 요양병원 중환자실에서 지킨 어머니는 딸에게 당신은 집에서 죽기를 소망한다고 누차 이야기하셨다. 그런데 어머니는 '집에서 죽으려면 결혼해서 가정을 꾸리고 사는 자녀 중 누군가 한 사람이 당신의 집에 와서 자신과 같이 지내야 하며, 그것이 자식을 힘들게 만들 것이므로 현실적으로 불가능하고, 결국 요양시설이나 병원에 갈 수밖에 없다' 라고 생각하고 있다. 이러한 어머니의 생각을 읽은 딸은 집에서 어머니가 마지막 순간까지 지낼 수 있도록 가정 호스피스서비스의 대상을 말기암 환자뿐만 아니라 노환을 비롯한 여러 만성질환을 지닌 생애 말기의 사람까지로 넓혀야 한다고 주장하였다.

가정형 호스피스란 가정에서 지내기를 원하는 말기 환자와 가족에게 호스피스팀이 가정으로 방문하여 호스피스 · 완화의료 서비스를 제공하는 것을 말한다. 2023년 4월 기준, 가정형 호스피스서비스를 제공하는 기관은 총 38개소다. 이중 상급종합병원 8개, 종합병원 21개, 병원 4개, 의원 5개이다. 가정형 호스피스서비스는 병원이 위치한 곳으로부터 30분 이내 지역으로 한정하여 서비스가 제공되고 있다. 결국 가정형 호스피스서비스를 받을 수 있는 지역이 매우 제한되어 있기 때문에 보편적으로 누구나 이용하기는 어려운 실정이다.

생애 말기 돌봄을 위한 의사의 방문진료

인터뷰에 참여한 한 분은 "가족이나 친지들이 지켜보는 가운데 편안하게 죽음을 맞기 위해서는 의사의 왕진이 가능해야 하지 않을까요?"라며 의사의 방문진료가 활성화되어야 자택 임종이 실현 가능하다고 의견을 피력하였다.

폐렴으로 병원 중환자실과 일반병실을 오가며 치료를 받으시던 아버지가 조금 회복이 되어 요양병원으로 옮긴 지 한 주 만에 아버지의 임종을 지킨 아들은 일본 사례를 이야기하였다. 아들은 "병원과 요양병원에서 지내시는 동안 아버지는 (코로나19로 인해) 그동안 같이 살면서 늘 보고 지내던 자식들을 보지도 못하고, 친밀하게 지내던 사람들과 자유롭게 만나지도 못해서 심정적으로 매우 불안하고 불편하셨을 것"이라며 "가장 좋은 죽음의 장소는 자기가 살아온 익숙한 집"이라고 말하였다. "아버지가 병원에 가셔서 100일 정도 연명을 하시다가 요양병원 병실에서 돌아가셨는데... 의료제도를 바꾸어서 의사가 집으로 왕진을 와서 응급처치를 해주고 통증 조절이나 호흡곤란 같은 것을 처치해 주면 좋겠어요. 일본 같은 경우에는 왕진 의사들이 많잖아요! 지금 우리나라는 병원이나 의원 중심으로 세팅이 되어 있는데, 의사가 찾아가서 상담하고, 치료도 해 주고... 집에서 지내는 노인을 전담하여 찾아가서 상담하는 의사들을 양성해야 할 것 같아요."

의사 왕진 제도는 2024년 '방문진료사업'이라는 이름으로 시범사업이 실시되고 있다. 방문진료사업으로 '장기요양 재택의료', '장애인 주치의', '1차의료 방문 진료' 세 가지 방식으로 진행 중이다.

이 중에서 '장기요양 재택의료'는 의사가 한 달에 1번, 간호사가 2번 왕진을 나가서 장기요양 등급을 받은 환자를 방문하고 의료서비스를 제공한다. 현재 지자체별로 1개씩, 재택의료센터가 설치되어 총 25개 센터가 운영되고 있다. 정부에서는 재택의료센터를 100개까지 지정하겠다고 계획을 발표했지만, 민간 의원의 신청이 없어서 보건소나 의료원으로 숫자를 채운 상태이며, 제대로 된 방문진료 서비스가 이루어지고 있다고 하기 어렵다.

'1차의료 방문 진료'는 거동이 불편하여 의료기관에 내원하기 어려운 환자를 대상으로 지역 내 의원의 의사가 집으로 방문해서 진료하는 의료서비스로, 차로 30분 이내에 이동할 수 있는 범위에서 이루어지고 있다. 그런데 이 방문진료가 확대되지 못하는 이유는 홍보가 제대로 이루어지지 않아서 환자 발굴에 어려움을 겪고 있다는 이유와 함께 진료비 신청과 같은 행정절차의 번거로움, 낮은 방문진료수가, 방문진료 지원 인력 부족 등과 같은 방문진료 시스템의 문제 등 해결해야 할 문제가 남아 있기 때문이다.

시범사업으로 시행되고 있는 방문진료사업의 여러 문제점이 발견되고 있으므로, 문제점을 해결하고 제도를 보완하여 재가 의료서비스로 정착시켜야 한다. 왜냐하면 의사의 왕진이 적극적으로 이뤄지는 방문진료는 요양시설 입소와 요양병원 입원을 줄여 사회경제적 비용 및 개인의 경제적 부담을 감소시킬 수 있고, 친숙하고 편안한 집에서 생애 말기 또는 임종기를 지내기를 바라는 고령자의 소망을 이룰 수 있기 때문이다. 더욱이 2차 베이비붐 세대가 노년기에 진입하여 노인 인구가 급증하고 있으며, 노환이나 지병 등을 지닌 노인의 수도 증가하고 있다. 이러한 인구변화 추세를 고려 한다면 자신이 살던 집에서 돌봄을 받고 죽음을 맞고자 하는 Aging in Place를 가능하게 하기 위해서는 방문진료사업의 정착과 확대가 절실하게 요구된다.

제2장
임종 증상과 대처에 대해 알기

죽음을 누구나 피할 수 없다는 사실을 우리 모두 알고 있다. 그러나 우리는 죽음에 대해, 죽음의 과정에 대해 무지하다. 임종이 임박해져서 나타나는 증상, 임종기에 들어선 사람을 적절하게 돌보는 방법, 재택 임종을 한 경우나 시신 기증을 한 경우의 장례 절차 등에 대해 아는 것이 없다. 그래서 임종을 지키는 것이 중요함을 알면서도, 임종 상황에 놓이게 되면 두렵고 당황스럽다.

집에서의 임종에 대한 두려움

죽음에 이르는 과정에 있어서 여러 가지 변화가 나타난다. 인터넷에 '죽음이 임박했을 때 나타나는 증상'을 검색해 보면 여러 증상이 나열되어 있다. 막상 임종기에 들어서면 언급된 모든 증상을 보이기도 하지만 일부만 보일 수도 있다. 고령자의 경우 암을 비롯한 오랫동안 앓아온 만성질환이나 노화으로 죽음에 이르게 되는데, 어떤 사람에게는 그 변화가 천천히 나타나는가 하면 다른 사람에게는 빠르게, 또는 매우 급박하게 진행되기도 한다.

죽음이 다가오고 있음을 알고 있지만, 가족이 임종 시점을 정확하게 예측하기 어렵다. 그리고 임종 증상을 지켜보면서 가족들은 무엇을 어떻게 해야 할지를 알지 못하여 어려움을 겪기도 한다. 또한 집에서 임종한 경우, 사망 판정부터 장례식장까지의 이동 절차를 알고 있는 경우도 많지 않다. 이러한 요인들로 인해 가족들은 집에서의 임종을 두려워한다.

집에서 어느 날 갑자기 맞을지 모르는 아버지의 임종을 불안해한 딸의 이야기이다. 어머니는 치매 아버지를 그동안 집에서 돌봐 오셨다. 아버지는 낮에는 주간보호센터에 다니셨는데 치매가 심해져서 돌아가시기 1년 전부터는 요양시설에서 돌봄을 받으셨다. 그리고 돌아가시기 1주일 전 요양병원으로 옮기셨다. 아버지가 집에서 어머니의 돌봄을 받으며 주간보호센터를 다니시던 시기에 간호사인 딸은 "아버지가 집에서 주무시다 가시게 될까봐 너무 무서웠다."라고 고백하였다. 왜냐하면 아버지가 주무시던 중에 상태가 안 좋아지셨는데 가족들이 자느라 그것을 알아채지 못해서 아버지께 아무런 처치도 해드리지 못하고 돌아가시게 될 것이 무척 두려웠기 때문이었다. 그런데 요양시설과 요양병원으로 옮긴 후에는 24시간 모니터링을 해주므로 아버지 상태가 안 좋아지면 전문가들이 바로 대응할 수 있을 것이라는 생각에 안도가 되었다.

임종기 돌봄에 대한 무지

1년 전쯤 시아버님을 집 근처 요양시설에 모시던 저자의 친구로부터 전화를 받았다. 통화 내용은 다음과 같다. 시아버님은 집에서 임종하는 것이 소원이라고 자녀들에게 여러 차례 말씀하셨고, 이 사실을 요양시설에서도 잘 알고 있었다. 요양시설에서 시아버님의 임종이 임박하였다고 알려와 큰아들 집에서 임종까지 모시기로 하였다. 친구는 집에서 사람이 죽으면 장례 절차가 매우 복잡하다는 이야기를 주위 사람들에게 들어왔기에, 집에서 어머니 임종을 지킨 경험이 있는 저자에게 시아버님이 집에서 돌아가시게 되면 그 이후의 절차가 어떻게 되는지를 물었다. 친구에게 임종 후 장례식장까지 고인을 모시는 절차를 설명해 주고 통화를 마쳤다.

시아버님 장례를 마치고 만난 친구는 가족들이 집에서 일주일간 시아버님을 모시느라 얼마나 전전긍긍했는지를 이야기하였다. 두 가지의 큰 어려움을 겪었다고 한다. 하나는 와상상태로 거의 잠만 주무시는 듯한 시아버님의 기저귀를 갈아드리는데, 세 사람이나 달라붙어서 해야 했다. 지면으로 옮기기에는 너무 민망한 상황이었다. 다른 하나는 아버님의 숨이 멈추기를 온 가족들이 마냥 기다리면서, '이 상황이 언제까지 얼마나 오랫동안 지속될까? 이 기간이 길어지면 어떻게 하나!' 생각하면서 얼른 돌아가시기를 기다리는 듯하여 죄스러웠다고 한다.

집에서 임종을 맞고 싶다는 아버님의 소망을 들어드리려는 자녀들의 효성스러운 마음과 달리 가족이 임종기 증상과 임종 과정에서의 돌봄에 대해 아는 것이 전혀 없었다. 지금에 와서 생각해 보면 요양시설에서 아버님을 집으로 모셔 올 때, 시설에서 가족에게 임종기 돌봄과 임종 증상 등에 대해 조금이라도 설명하고 알려주었더라면, 또는 재택임종이 가능하도록 임종기 돌봄을 지원하는 서비스가 있었더라면, 아버님의 죽음의 질과 유가족의 사별 경험이 달라지지 않았을까 하는 생각이 든다.

임종 증상에 대한 무지

임종을 지키는 경험은 매우 특별하다. 임종을 보는 자식이 따로 있다는 말이 있을 정도로 임종 예상 시간에 맞추어 자리에 있기도 어렵고, 쇠약해진 육체에 남은 생명의 불꽃이 꺼져가는 것을 곁에서 지켜보는 것은 힘겹고 어렵다.

미디어에서 보여주는 죽음의 이미지와 현실에서 경험하는 죽음 간에 괴리가 있다. 아버지의 임종을 지키면서 죽음을 처음 경험한 딸은 "죽음이란 영화에서 보는 것처럼, '너희 잘 있어라.' 이러면서 가족에게 둘러싸여 그냥 스르륵 눈을 감는 것으로 알고 있었는데, 실제 경험한 죽음은 너무나 달랐다."라고 하였다.

그 딸이 전하는 아버지의 임종 상황이다. 아버지의 폐암이 재발되었고, 의사는 남은 시간이 6개월 정도라고 하였다. 아버지는 어머니와 요양보호사의 간병을 번갈아 받으며 집에서 침대에 누워서 지내셨다. 임종하신 날 아침, 어머니는 아버지의 옷과 침대 이부자리가 대소변으로 다 젖은 것을 발견하였다. 어머니는 얼른 아버지를 깨끗이 씻기고 옷을 갈아입히고, 이부자리도 다시 깨끗이 정리하였다. 아버지는 평소 식사를 조금밖에 안 하시곤 하셔서 식사 때마다 한 입 더 드시라고 어머니와 실랑이를 많이 하시곤 하셨다. 그런데 그날 아침에는 어머니가 망고를 한 숟가락 떠 드렸더니 아버지가 입을 크게 벌려 맛있게 드셨다. 그리고 아버지가 발을 주무르라고 손짓하셔서 어머니는 발을 주물러 드렸다. 그 후 어머니는 아침 식사를 하러 방에서 나오셨다.

어머니가 아침 식사하시는 중에 요양보호사가 도착하였고 요양보호사가 아버지께 인사를 드리려 방에 들어갔는데 아버지는 이미 숨을 거두신 상태였다. 어머니는 당신이 드린 망고가 목에 걸려서 돌아가신 것이라고 자책하셨다. 경찰과 검시의가 와서 아버지 상태를 확인하고 그것이 아니라고 여러 번 설명했었지만, 어머니는 여지껏 자책감에서 벗어나지 못하고 계신다. 이 사례는 이미 연하 능력 소실(삼킴장애)이나 변실금과 같은 임종 증상이 나타나고 있었음에도 어머니도 요양보호사도 임종 증상을 알아채지 못하였던, 그래서 같은 공간에 있으면서도 임종을 지키지 못한 안타까운 사례이다.

딸 가족과 함께 사시면서 딸 집에서 돌아가시는 것이 소원이었던 어머니의 이야기이다. 재택근무를 하는 딸은 그날 할 일을 모두 마치고 어머니 방에 가서 주무시는 어머니 곁에 누웠다. 그리고 '그르렁 그르렁' 하는 어머니 호흡소리를 들으며 어머니 손을 잡고 잠시 눈을 붙였다가 저녁을 준비하러 나왔다. 퇴근한 손녀가 할머니 방에 들어갔다 나오더니 "할머니가 너무 편안하게 주무시네, 다 나으셨나 봐."라고 기쁘게 소리쳤다. 그 말을 들은 순간 딸은 이상함을 느끼고 어머니 방으로 뛰어 들어갔다. 남편과 두 손녀는 평온해진 어머니를 보고 돌아가신 것이 아니라고 하였으나, 딸이 보기에 이미 돌아가신 듯하였다. 딸이 어머니 곁에서 눈을 붙였을 때 들었던 '그르렁 그르렁'하는 소리는 임종 과정에서의 폐 기능의 저하로 나타나는 호흡 양상일 수 있다. 딸이 어머니의 옷을 깨끗하게 갈아입혀 드리는 동안 남편은 119에 신고하였다. 119가 도착하여 어머니가 사망하셨음을 확인하였다.

의료인의 도움으로 예측한 임종

가족 중에 의사나 간호사를 비롯한 의료인이 있는 경우에는 임종 증상에 대한 지식이 있어서 마지막 순간을 어느 정도 예상하고 대처할 수 있었다. 작은형수는 종합병원 중환자실에서 근무한 경험이 풍부한 간호사이다. 요양시설에서 작은형과 교대로 어머니를 간병하고 있었는데, 어느 날 작은형수로부터 "어머니가 오늘은 힘드시겠다."라며 어머니의 시간이 얼마 남지 않은 것 같다는 이야기를 들었다. 작은형 부부가 어머니 곁을 지키고 있고, 막내아들은 잠시 저녁 식사를 하러 자리를 비운 사이에 어머니가 숨을 거두셨다.

아내의 임종을 호스피스병동에서 지켜본 남편의 이야기이다. 호스피스병동 간호사가 아내의 호흡 상태를 보더니 호흡이 점차 어떻게 변하다가 멈추는지를 설명해 주었다. 남편은 손으로 자신의 배와 가슴을 순차적으로 가리키며 "호흡이 여기서부터 가다가 이제 조금씩 조금씩 올라간다는 거라, 숨이 여기서 쉬다가 이게 이제 조금 올라가면 여기서 쉬다가, 이렇게 가다가, 이제 여기 가면 이제 호흡이 없는 걸로..." 간호사는 마지막 순간의 체인 스토크 호흡을 설명해 준 것이었다. 남편은 아내의 호흡이 변하는 양상을 보면서 임종이 임박한 줄 알 수 있었고, 아내를 위해 임종 예배를 준비하였다. 코로나19 시기로 모든 가족이 병실에 모여 임종 예배를 드리지 못하는 상황이었다. 줌 미팅을 이용하여 아들 가족과 친인척이 임종 예배에 참여하였으며, 아내는 다음날 세상을 떠났다.

과거 경험을 통해 예상한 임종

시아버지의 임종 과정을 경험해 본 적이 있었기에 남편의 임종 과정을 예상할 수 있었던 사례가 있다. 어머니는 할아버지가 쓰러지신 후 돌아가실 때까지 1년 동안 집에서 대소변을 받아 가며 간병하셨다. 결국 할아버지는 집에서 돌아가셨으며, 어머니는 할아버지의 임종 전 과정을 지키셨다. 어머니는 암에 걸린 아버지도 가정간호서비스를 받으며 집에서 간병해 오셨다. 그런데 말기에 이르러 어머니도 간병에 많이 지치셨고, 아버지의 통증이 극심해져서 아버지를 호스피스 병동에 입원시켰다. 어느 날 할아버지 임종 과정을 지켜본 경험이 있던 어머니가 아버지 상태가 급변하는 것을 지켜보다가 자녀들에게 "아버지가 임종하실 것 같으니 어서 서둘러 병원으로 오라."고 연락하셨다. 그러나 다른 형제와는 달리 인터뷰에 임한 딸은 병원까지 한 시간이 넘는 거리에서 일하는 중이어서 바로 가지 못하였고, 아버지의 임종을 지키지 못하였다.

3대가 함께 살며 할머니가 돌아가시는 과정을 직접 경험하였고, 그 경험을 통해 시어머님의 임종을 준비한 며느리의 사례이다. 며느리는 결혼 전에 할머니와 같은 방을 쓰고 살았기에 할머니가 돌아가시기 전에 호흡소리가 거칠어지고, 정신이 혼미해지며, 곡기를 못 넘기면서 몸이 빼짝 바짝 말라가는 것을 봤었다. 그래서 며느리는 요양병원에 계시던 시어머니가 곡기를 끊으셨다는 의사의 전화를 받고 조만간 임종하실 수 있음을 예감할 수 있었다. 가족 모두가 임종을 지키기를 원해서 요양병원 다인실에 계시던 어머니를 준종합병원 1인실로 옮겼다. 1인실에서 가족이 돌아가면서 어머님과 시간을 보내며 어머님께 마지막 인사를 하였고, 6일 만에 돌아가셨다.

재택 임종 후의 절차에 대한 무지

자택에서 임종을 맞은 사례이다. 아버지는 말기암으로 두세 달 밖에 여명이 남지 않은 상태였고, 집에서 어머니의 간병을 받으며 지내셨다. 가족들은 '아버지에게 위급한 상황이 생겨 응급실로 가게 되고 결국 병원에서 치료받다가 돌아가시지 않을까?' 막연하게 생각하며 지냈다. 어느 날 아버지를 뵈러 온 언니가 아버지를 돌봐드리던 중 음식을 드시다가 기도가 막혀서 갑작스럽게 돌아가셨다. 언니는 황급하게 119를 불렀고, 구급대원은 심정지가 된 상태임을 확인하였다. 구급대원은 심폐소생술을 할 것인지를 배우자인 어머니에게 물어보았다. 어머니는 심폐소생술을 하지 않길 원한다고 의사를 밝혔고, 119구급대원은 돌아가면서 경찰에게 신고하라고 말해주었다. 딸은 "병원에서 돌아가신 경우와는 완전히 달랐어요. 집에서 돌아가셨을 때는 사망원인을 확인해야 하므로 경찰에 신고해야 했고, 그러한 절차들은 매우 복잡하였다."라고 기억하였다.

앞의 사례와는 달리 어머니의 임종을 집에서 지킨 경험이 있어서 임종 직후의 대처 방법을 잘 알고 있는 가족도 있었다. 십여 년 전 어머니가 먼저 떠나신 후 딸 가족이 아버지를 모시고 살았다. 딸이 아침 식전 약을 드리러 아버지 방에 들어가면서 "아버지~:하고 불렀으나 아무런 반응이 없었다. 급하게 119를 부르고, 119가 도착하는 동안 딸이 심폐소생술을 시도하였다. 딸은 아버지의 몸에 온기가 남아 있기에 아직 살아계신다고 생각하고 인공호흡을 하면서 아버지의 소생을 위해 최선을 다하였다. 그러나 119 구급대원이 와서 아버지가 이미 사망하셨음을 확인하고 떠났다. 그 후 경찰과 법의학자가 순서대로 와서 아버지가 지병으로 돌아가셨음을 확인하고 난 후 장례식장으로 옮길 수 있었다.

임종기 돌봄을 위한 교육

2000년 전후로 죽음 준비 교육의 중요성과 필요성이 부각되었고 사회단체나 노인복지관을 중심으로 죽음 준비 교육이 이루어지고 있다. 죽음 준비 교육의 내용을 살펴보면, 죽음 준비의 중요성, 죽음에 대한 이해와 죽음에 대한 태도, 사별 후 적응, 장례 준비, 존엄사와 같은 죽음과 관련된 논쟁 다루기 등이 포함되어 있다. 그러나 본 인터뷰에 참여한 유가족들이 이야기한 임종 증상이나 임종기 돌봄 기술, 자택에서 임종 후 장례 절차 등과 같은 내용을 죽음 준비 교육에서 다루는 프로그램을 찾기 힘들다.

한 유가족은 "가족이나 지인 중에 간호사나 의사가 있으면 '이럴 땐 이렇게 해드려라.' 정도로 이야기해 줄 수 있는데, 우리 가족 중에는 그런 사람이 없고, 제대로 교육을 받은 적이 없어서 제대로 돌보는 것이 아니었다."라고 이야기하면서 임종기 돌봄에 대한 지식이나 기술을 가족들이 익힐 수 있는 채널이 필요하다고 이야기하였다.

다른 한 유가족은 죽음의 길에 들어섰을 때 '지도'가 필요하다고 강력하게 이야기했다. "많은 사람이 죽음 자체를 회피해요. (중략) 죽음에 이르는 단계나 그 과정을 모르다가 갑자기 죽음이 닥치게 되면 절망에 빠져서 막 살려달라고 애원하고 그러다가 죽을 것 같아요. 그런데 이제 사람의 죽음의 형태가 갑자기 코로나19에 걸려서 급사하게 되기도 하고, 오랜 기간 투병하며 생사를 오가면서 돌아가실 수도 있고, 약간 만성적으로 살다가 돌아가실 수도 있고..... 그런 다양한 죽음의 형태를 알고, 자기가 그러한 길에 들어섰을 때에 필요한 '지도'가 있으면 수월할 것 같아요."

요즈음은 길을 안내하는 애플리케이션의 종류가 다양하고 많다. 그래서 목적지를 찾아갈 때, 경로를 미리 알아보고, 어떤 교통수단을 이용할지, 얼마나 시간이 걸릴지 예상하면서, 제시간에 도착할 수 있도록 준비한다. 앞서 유가족이 말하였듯이 죽음을 맞는 당사자나 그 가족에게도 죽음에 이르는 과정을 알려주는 '지도'가 필요하다는 말에 크게 공감이 되었다.

죽음의 과정은 당사자나 가족에게 모두 힘들고 고통스러운 시간이다. '죽음'이라는 종착지는 같지만, 사람마다 사망에 이르기까지의 시간도, 나타나는 증상도 다르다. 임종을 기다리며 가족은 이별의 시점이 언제 올지 초조해하기도 하고, 기다리는 동안 무엇을 어떻게 해야 할지 몰라 당황해하기도 하며, 환자가 고통스러울 것을 걱정하여 가슴 아파하기도 한다. 실로 우리는 죽음의 과정에 대해 무지하다.

어느새 우리 사회에서는 장례를 치를 때 장례지도사의 서비스를 받는 것이 보편화되었다. 심지어는 상당히 상업화되었다. 장례지도사는 임종 후 유족과 장례 절차와 관련된 여러 사항을 상담하고, 장례와 관련된 용품 준비로부터 입관식과 장례식에 이르는 전 과정을 주관하여 유족들을 돕는다.

그런데 임종이 임박한 경우, 가족을 도울 수 있는 사람은 누구일까? 의료진이나 간병인이 있지만, 그들이 가족을 돕기에는 역부족이다. 죽음에 임박한 당사자와 가족을 위해 임종 증상과 임종기 돌봄 방법과 대처 기술 등을 알려주고 곁에서 지원해 주는 누군가, 또는 서비스가 필요하지 않을까 생각이 든다.

제3장
임종시 곁을 지키기

한국 문화에서 자녀가 부모의 임종을 지키는 것은 매우 중요하게 여겨지고 있다. 임종을 꼭 지켜야 하는 이유는 무엇일까? 부모님의 임종을 지키지 못하는 것을 큰 불효로 생각한다. 부모가 쇠약해진 몸으로 자녀를 찾아다니며 이별을 고할 수 없으므로, 자녀가 부모님이 가시는 마지막 길에 인사를 드리는 것이 도리라고 여긴다. 그리고 죽음에 대한 두려움이 엄습해 오는 마지막 힘겨운 시간에 부모님의 손을 잡아드리고 곁에서 끝까지 함께 있음으로써 위안을 드릴 수 있고, 임종 순간을 함께한 가족은 그 후의 삶을 버텨나갈 힘을 얻게 된다.

임종을 지키지 못한 불효

　평소 아버지와 사이가 좋지 않았던 언니의 팔에 아버지가 안겨서 숨을 거두셨음을 여동생이 이야기하였다. 언니는 "아버지가 전날 목욕도 다녀오셨고… 아버지가 숨이 깔딱깔딱 넘어가며 한쪽으로 눈물을 흘리셨는데, 웃으시며 돌아가셨고, 아버지가 최소한 마지막 순간 죽고 싶어 하지 않거나 그런 것은 아니었다."라고 아버지의 마지막 순간을 이야기해 주었다. 여동생은 언니를 통해 아버지의 마지막 모습을 이야기 들을 수 있었던 것은 다행스럽게 여기지만, 제대로 된 인사를 하지 못했다는 생각에 마음이 불편함을 토로하였다. 그리고 "임종을 지킨다는 것은 가시는 분과 보내는 처지에서 마지막 인사를 하는 것인데, 시작이 있으면 끝이 있는 것이고, 끝을 잘 맺는 것이 좋다."라며 임종을 지켜야 하는 것에 의미를 두었다.

　시어머님이 갑자기 의식을 잃고 쓰러지셔서 가족들은 임종을 기다리며 장례 준비를 하였다. 그런데 어머님이 회복되셔서 중환자실에서 일반병실로 옮긴 후 식사도 잘하시고 컨디션도 좋아지는 듯 했다. 수요일에 어머니를 뵈러 간 며느리는 토요일에 퇴근하며 또 오겠다고 말씀드리고 병실을 나왔다. 토요일 아침, 어머니를 간병하던 시누이가 병원에서 2~3분 거리에 있는 집에 잠깐 다녀온다고 자리를 비운 사이에 어머니는 홀로 갑자기 숨을 거두셨다. 어느 자녀도 임종을 지키지 못하였다. 며느리는 임종을 지키지 못하여 죄책감이 든다며 "어머님 감사했습니다. 이 사람(남편)을 잘 키워주셔서 감사합니다. 어머님 그동안 참 애쓰셨어요. 어머님 이제 아버님과 어머님이 그토록 사랑했던 큰아들을 만나서 함께 좋은 곳에서 시간을 보내세요."라고 인사를 하지 못하는 큰 불효를 저질렀다고 말하였다.

홀로 맞는 임종의 외로움

코로나19에 감염이 되어 코로나집중치료센터에서 홀로 죽음을 맞으신 아버지가 받았을 고통과 외로움을 생각하면서 안타까워한 아들의 이야기가 기억에 남는다. "돌아가시기 전에 자기 새끼들을 볼 수 없다는 것이 가장 고통스럽지 않았을까요? 더군다나 육체적으로도 고통스러운 상황에서 굉장히 외로웠을 것 같아요. 정서적으로도 고통스러운 상황에서 자기를 돌봐 줄, 마지막에 손 잡아줄 사람도 없었으니까 굉장히 힘들었지 않을까? 라는 생각을 형제들끼리 얘기를 했었어요. 마지막 가시는 길이 얼마나 외로웠을까요!"

어머니는 지팡이를 짚으며 바깥나들이를 하실 수 있는 정도였다. 그런데 코로나19에 걸려 치료하고 회복을 한 후 체력이 많이 떨어졌다. 어머니 혼자서는 도저히 일어나지도 못하게 되어 결국 어머니를 요양시설에 모시게 되었다. 요양보호사 1명이 노인 4명을 돌보는 4인실에서 침대에 누워만 계셨다. 어느 날 요양보호사가 옆 침대의 노인을 목욕시키려고 30분 정도 방을 비웠고, 그 사이에 어머니에게 심장마비가 일어났다. 의사가 왔을 때는 어머니가 이미 돌아가신 후였다. 어머니의 임종을 지킨 사람은 아무도 없었다. 코로나19 시기에는 요양시설에 면회가 금지된 상태였기에 어머니가 요양시설에 들어가신 후 추석에 유리로 칸이 쳐진 방에서 전화기로 이야기를 나눈 것이 마지막으로 어머니를 뵌 것이었다.

앞의 두 사례는 코로나19 펜데믹 시기에 발생한 불가피한 상황이었다. 그렇지만 코로나19 펜데믹 시기가 아닐지라도, 임종 전에 가족이 미처 도착하지 못하여 홀로 임종하는 경우가 적지 않다. 유가족의 말 속에서 가족이 있지만 혼자서 임종할 수밖에 없는 상황에서 겪었을 외로움과 괴로움 그리고 두려움을 조금이나마 짐작할 수 있다.

마지막 인사하기

임종 순간 가족은 무엇을 어떻게 해야 할까? 정답을 알수 없지만 임종을 앞둔 가족의 경우 다음과 같은 조언을 많이 듣게 된다. "임종이 임박해지면 환자의 의식이 없을지라도 귀는 마지막까지 열려있다. 가족이 흐느끼고 울부짖으면 환자가 불안하게 되므로 차분하게 작별 인사를 하는 것이 바람직하다. 그리고 죽음에 대한 두려움이 엄습해 오는 힘든 마지막 순간까지 환자의 손을 잡고 어루만져 줌으로써 혼자가 아니라 가족이 끝까지 곁에 있음을 느끼게 하여 위안을 받고 평안하게 임종을 할 수 있게 도와야 한다."

딸은 서울의 병원에서 큰 수술을 받으시고 어느 정도 회복하신 어머니를 고향 집에 모시고 갔다. 어머니 집에서 나흘간 보살펴 드리고 나서 성당 교우들에게 어머니를 부탁하고 딸은 자신이 사는 곳으로 돌아왔다. 집으로 돌아온 이틀 후 성당 교우들이 어머니가 사람을 알아보지 못하고 실어증처럼 말씀을 못하신다고 연락을 주었다. 고향 친구에게 급히 부탁하여 어머니를 요양병원 1인실로 모셨다. 요양병원으로 옮긴 후에도 어머니 상태는 점차 나빠져 식사도 못 하시는 지경이 되었다. 코로나19 시기여서 어머니를 자유롭게 면회

하지도 못하고 지내던 어느 날 아침, 병원에서 '어머니가 마지막일 것 같다.'라는 전화가 걸려 왔다. 영상통화로 어머니 모습을 비춰주며 할 말이 있으면 마지막으로 하라고 하여, 딸은 '자신이 어머니에게 최선을 다하지 못한 것 같다며 용서해달라, 죄송하다.'라고 마지막 인사를 하였다. 그러나 딸은 어머니가 자신에게 하시고 싶은 말씀이 있었을 텐데 한마디도 하지 못하시고 돌아가신 것이 너무 애통하고 마음에 남는다고 하였다.

평소 건강관리를 잘해오시고, 전날까지 삼시 세끼 식사를 꼬박꼬박 다 하셨던 아버지는 어느 날 새벽에 화장실에서 나오시다가 갑자기 쓰러지셨다. 어머니가 119를 불러서 병원 응급실로 이송하였고 심폐소생술을 하여 잠시 숨이 돌아왔지만 의식은 없는 상태였다. 아들은 "아버지가 엄마도 못 알아보고, 그냥 식물인간하고 똑같은 상태로 의식이 없었다."라고 그 순간을 기억한다. 결국 아버지는 심정지가 다시 일어나서 응급실 안에서 돌아가셨다. 아들은 "아버지가 남은 가족들에게 할 얘기가 있었을 텐데 그렇게 할 상태도 아니었고, 그렇게 할 시간이나 그렇게 할 수 있는 공간이 제공되지 않았다."라는 점에서 매우 서운함이 컸다.

딸은 아버지 상태가 계속 좋지 않아 마음을 졸이며 지내던 중 아버지가 위독하다는 연락을 받았다. 병원에 도착하였을 때, 아버지의 의식은 선명하지 않았지만, 아직 약하게 호흡하고 계셨다. 딸이 직접 아버지의 손을 잡아드리면서, "그동안 감사하고, 투병하느라 고생하셨다."라고 아버지께 하고 싶었던 말씀을 드렸다. 그리고 한 시간 후쯤 아버님에게 사망판정이 내려졌다. 딸은 자신이 "마지막에 아버지께 해드릴 수 있는 것을 다 해드릴 수 있어서 그 시간이 굉장히 의미가 있었다."라고 회고하였다.

외국에서 사는 시누이가 귀국해서 요양병원에 입원해 계신 시아버님을 긴급면회로 하러 갔다가 임종을 지킨 사례이다. 코로나19 시기로 요양병원 병실에는 1명만 들어갈 수 있도록 허용된 상황이었다. 먼저 병실에 들어간 며느리가 시아버님이 눈물을 흘리는 것을 보고 아버님 손을 잡아드리며 "아버님이 예뻐하는 며느리, 저 왔어요. 저를 많이 아껴주셔서 감사합니다, 사랑합니다."라고 말씀드리고 안아드리며 인사를 하고 나왔다. 그리고 시누이가 병실에 들어가서 "아빠! 막내딸 나왔어!"라고 말하는 순간 갑자기 혈압이 떨어지며 임종하셨다. 그것이 며느리로서 시아버님께 마지막 인사를 드리는 것이 되었다. 가족 중에서 자신과 시누이인 막내딸이 시아버님의 마지막을 지켜드릴 수 있어서 다행이었다고 여겼다.

앞의 사례들을 통해 마지막 작별 인사를 한다는 것은 가족이 자신의 도리를 다하였다는 점에서 의미가 있을 뿐만 아니라 앞으로 유가족들이 살아갈 때 심리적으로 위안이 될 수 있다는 점에서 의미가 있다.

제4장
육체적 통증 조절하기

2020년 65세 이상 고령자 사망원인 순위를 살펴보면 1위 암 질환, 2위 심장질환, 3위 폐렴, 4위 뇌혈관질환, 5위 알츠하이머병 순이다. 2020년 5개 질병으로 사망하는 고령자의 수가 10만 명당 1,639명이었다. 죽음을 생각할 때 육체적으로 겪을 극심한 고통이 두려워질 수밖에 없음을 보여주는 통계자료이다. 그래서 좋은 죽음의 조건으로 적당한 수명을 누리면서 아프지 않고 지내다가 잠자듯이 편안하게 죽은 것이 많이 언급된다. 생애 말기에 육체적 통증을 피할 수는 없을까? 피할 수 없다면 신체적으로 겪는 통증을 제대로 조절할 수는 있을까?

죽음의 질을 좌우하는 신체적 통증

좋은 죽음이나 웰다잉, 죽음의 질을 이야기할 때 고령자의 입에서 가장 먼저 나오는 이야기가 오래 아프지 않고, 육체적인 고통 없이 잠자듯이 가면 좋겠다는 것이다. 마찬가지로 인터뷰에 참여한 유가족들에게 고인의 죽음의 질을 평가해 달라고 요청했을 때 역시 신체적으로 겪는 고통에 대해가장 먼저 이야기하였다.

아버지가 갑작스레 쓰러져서 응급실로 이송된 후 심정지로 사망한 사례에서 아들 관점에서 아버지의 죽음의 질은 0점이지만 아버지로서는 9점 정도 될 것이라고 말하였다. 그 이유로 "다른 사람들은 아파서 몇 년씩 고생하고 돌아가시고 옆 사람들도 고생시키면서 돌아가시는데, 아버지는 사는 동안 엄마를 많이 고생시켰지만 돌아가실 때는 엄마를 고생시키지 않았고, 당신 자신도 편안하게 아프지 않고 돌아가셨다."라고 하였다. 아들은 아버지 입장에서 통증으로 고통을 받는 순간이 짧았음에 주목한 것이다.

폐암 3기로 암 진단을 받고 3년간 투병한 아내를 간병한 남편이 전하는 이야기이다. 처음 암 진단을 받았을 때, 의사는 온몸에 암이 퍼진 상태로 수술도 할 수 없다며 남은 시간이 6개월 정도 된다고 하였다. 다행히 방사선 치료와 표적항암제 복용으로 증세가 상당히 완화되어 2년 정도를 잘 지냈다. 약에 대한 내성이 생기면서 다시 통증이 심해졌다. 마지막 6개월 동안 통증이 극심해지면서 신앙심이 깊었던 아내는 "그냥 편안하게 자다가 데려가시지, 하나님은 왜 이렇게 나에게 고통을 주시고 힘들게 만드셨는지..." 하며 하나님을 원망하는 소리까지 하였다. 그래서 남편은 아내의 죽음의 질은 최악의 수준이었다고 평가하였다.

암성 통증은 극심하여 참기 힘들다고 한다. 그런데 생애 말기 암환자가 겪는 통증이 모두 극심한 것만은 아니었다. 유가족 중 한 며느리가 전하는 이야기이다.

시아버님은 80세를 훌쩍 넘어서 전립선암 진단을 받으셨다. 시아버님은 수술을 거부하셨고, 약으로 통증을 조절하며 자택에서 시어머니와 함께 지내셨다. 암이 뼈로 전이되어 통증이 심해지자 가정간호서비스를 신청하였고, 집으로 간호사가 와서 수액을 놓아주곤 하였다. 그런데 집에서는 감당이 되지 않을 정도로 통증이 극심해져 시아버님은 어쩔 수 없이 호스피스병동으로 들어가셨다. 호스피스병동에 입원하자 의사는 아버님의 여명이 일주일에서 열흘 정도밖에 남지 않았다고 설명하면서 수혈을 권하였다. 하지만 아버님은 "어차피 죽을 건데 수혈을 왜 하느냐!"며 거절하셨다. 호스피스병동에 들어가신 후 강한 진통제를 많이 맞으셔서인지 아버님은 그 이후로 거의 아무것도 드시지 못하였고, 겨우 물 한 모금씩 드시다가 마지막에는 그것도 못 드시게 되고 돌아가셨다. 시어머니는 병원에서 굶어서 돌아가신 것으로 생각하셨다.

극심한 통증으로 고생하신 시아버님을 떠나보내었던 며느리는 연이어 친정아버지에게 폐암이 재발하였다는 소식을 들었다. 의사는 6개월 정도 시간이 남았다고 말했고, 딸은 아버지가 시아버지처럼 겪게 될 암성 통증을 매우 걱정하였다. 그러나 아버지는 통증을 거의 느끼지 않으시고 어머니와 요양보호사의 간병을 받으며 집에서 누워계시다가 돌아가셨다.

임파선암 수술을 받았던 저자의 어머니는 돌아가시기 4개월 전쯤 암이 재발했다. 의사가 여러 치료 방법을 제시하였지만 어머니는 더 이상의 치료를 거부하고, 증상 치료만 하기로 스스로 결정하셨다. 당신의 몸무게로 의사가 제안하는 방사선 치료를 감당하기란 도저히 힘들다고 생각하셨기 때문이었다. 의사는 통증이 점차 극심해질 것이라며 상황에 따라 쓸 수 있도록 파스처럼 붙이는 진통제 패치, 통증 수준에 따라 먹을 진통제 여러 종류를 처방해 주었다. 그런데 의사의 우려에도 불구하고 임종 전까지 가장 약한 진통제만 복용하셨다. 어머니 사후에 만난 의사는 강한 진통제를 먹지 않으면 견디기 매우 힘드셨을 텐데 이해하기 어렵다고 하였다.

한편, 가족들은 부모의 임종이 다가오면 그 과정에서 부모님이 겪을 고통이 얼마나 클지 걱정한다. 그런데 완화의료 전문가들은 죽음을 앞둔 몸은 완전히 이완되고 의식은 혼수상태로 접어들면서 통증을 포함해 신체감각을 느끼지 못하는 상태에서 죽음을 맞는다고 설명한다. 그래서 임종 당시 우리가 걱정하는 극심한 통증은 없다고 가족을 위로한다.

환자에게 불편감을 주는 의료적 처치

환자의 통증이나 불편감을 해소해 주기 위해 시행되는 의료적 처치가 환자의 고통을 반드시 줄여주는 것만은 아니다.

어느 딸은 호흡곤란으로 고통을 겪는 아버지가 호흡 보조장치를 할 수밖에 없는 상황이었으나 호흡 보조장치로 인해 오히려 고통을 더 심하게 겪은 것 같다고 하였다. 아버지는 호흡곤란으로 병원에 입원하셨다. 폐에 생긴 염증이 쉽사리 치료되지 않고 숨이 가빠지면서 숨쉬기를 매우 힘들어하셨다. 아버지는 호흡 보조장치를 끼고 있었는데 그 장치를 매우 불편해했고, 의식도 명료해서 오롯이 그 괴로움을 다 느끼셨다. 아버지는 그러한 고통스러운 상태로 오래 사는 것을 원치 않았고, 오히려 호흡 보조장치를 다 빼달라고 요청하셨다. 딸 역시 호흡 보조장치로 고통스러워하는 아버지를 지켜보기가 매우 힘들었다.

연명치료가 환자를 더 힘들게 할 수 있음을 보여주는 사례이다. 며느리가 폐렴으로 중환자실에 입원한 시어머님을 마지막으로 면회했을 때, 어머님이 숨을 한번 몰아쉬면 산소포화도가 60까지 떨어졌다. 승압제와 영양제 등이 들어있는 링거병이 네 개나 주렁주렁 달려 있었고, 산소도 10리터 이상 들어가고 있었다. 억지로 산소를 투여하고, 인위적으로 혈압을 올리는 상태였다. 며느리가 보기에도 어머님이 너무 힘들어 보였다. 남편은 승압제를 쓰지 않고 산소 호흡만 충분히 하실 수 있도록 해서 어머님을 조금이라도 편하게 해드리고 싶다고 의사에게 이야기했다. 그러나 어머님은 그 상태로 중환자실에서 두 달을 버티다 돌아가셨다.

치료가 목적이든 연명이 목적이든 간에 의료 처치를 당하는 사람이 받는 고통이 얼마나 컸을지 가늠해 보게 하는 사례가 있다. 병원에서 돌아가신 후 마주한 시어머님의 모습은 너무 말라 있었다. 간호사가 바짝 마른 혈관에 주삿바늘을 여러 번 찌른 것 같았다. 바늘이 혈관에 잘 들어가지 않았는지, 아니면 혈관이 약해서 다 터졌는지, 어머님의 팔은 온통 새까맣게 멍이 들어 있었다. 어머님이 얼마나 아팠을까! 가족은 병원에서 전화로 얘기해주는 어머님의 상태만 듣고 '그럭저럭 잘 지내시나 보다.'라고 생각만 했지, 어머니가 얼마나 고통을 당하고 있는지를 알려고도 하지 않았고 미처 생각하지도 못했다. 돌아가신 후 만난 어머님의 몸을 보고 자녀들은 병원만 믿고 어머님을 병원에 방치해 놓았었다는 죄책감에 더욱 고통스러웠다.

통증 조절로 인한 불편한 마무리

생애 말기 환자가 겪는 통증과 불편함은 최우선으로 관리해야 한다. 통증으로 고통스러워하는 부모를 보면, 자녀는 어떻게라도 부모님을 편안하게 해드리고자 의사에게 통증 조절을 요청하지 않을 수 없다. 인터뷰에 응한 가족 중 여러 가정이 마약성 진통제에 대해 정확하게 알고 있지 못하였다.

통증 완화를 위해 마약성 진통제를 사용하면 부작용이 흔

하게 발생할 수 있는데 변비, 오심구토, 진정 및 졸음, 호흡곤
란 등과 같은 부작용 증상이 나타날 수 있다. 그리고 통증이
조절되지 않는다고 하여 복용량을 함부로 늘려서는 안된다
(약학정보원, 약물백과).

아버지의 극심한 통증을 조절하기 위해 마약성 진통제를
쓰면서 아버지의 의식이 혼미해져 버린 상황을 경험한 아들
이 전한 이야기이다. 폐암 진단을 받은 아버지는 남은 시간이
길어야 3개월이라고 했다. 처음에는 대학병원에 입원해서 치
료받았으나 결국 요양병원으로 옮겼다. 아버지는 밤새 통증
으로 잠을 주무실 수 없었다. 아들이 통증 조절을 적극적으로
해달라고 의사에게 부탁하여 패치로 된 진통제를 붙였다. 그
러나 아버지는 통증에서 벗어나지도 못하고 여전히 잠을 못
주무셨다. 의사는 마약 진통제는 사용량에 제한이 있어서 추
가로 처방하는 것은 불가능하다고 하였다. 아버지는 통증으
로 계속 끙끙거리셨고, 어느 순간 의식이 혼미하게 되어 더
이상 자식들과 대화를 나누기 어렵게 되었다. 아들은 통증
조절을 위한 진통제로 인해 잠이 들거나 약 기운에 취해 의식
이 흐릿해지면서 아버지가 자기 죽음을 인지하지도 못하였
을 뿐만 아니라 삶을 정리할 기회도 갖지 못하였다는 점에서
마약성 진통제 사용에 대한 불편한 마음을 토로했다.

한 아들은 어머니의 통증 조절이 잘되지 않아 어머니가 고통을 호소하시자 의사에게 마약성 진통제를 투여해달라고 요청하였다. 마약성 진통제를 투여하고 얼마 지나지 않아 어머니가 사망하였다. 아들은 자신이 어머니의 고통을 줄여드리도록 마약성 진통제를 강하게 투여해달라고 요청해서 어머니의 죽음을 앞당긴 것이 아닌가 생각하며 오랫동안 크게 자책하며 지냈다.

앞의 두 사례를 생각하면서, 의료진이 가족에게 통증 조절의 방법과 부작용에 대해 제대로 이해할 수 있도록 친절하고 자세하게 설명하고, 환자의 의식이 혼미해지기 전에 가족과 시간을 가질 수 있도록 안내하는 세심한 배려가 필요하지 않았을까 하는 아쉬움이 남는다.

통증 완화를 위한 가정형 호스피스서비스

앞의 안타까운 이야기와는 달리, 가정형 호스피스서비스를 통해 마약성 진통제를 적절하게 사용하여 생을 잘 마무리하고 있는 사례도 있다. "마약성 진통제의 양을 10%에서 20%, 그리고 지금은 50%까지 올라갔어요. 그런데 마약성 진통제를 사용하게 되면서 갑작스러운 통증이 올 때 자주 복용하던 진통제를 줄이게 되었어요. 그래서 지금은 동창들, 후배들, 만나고 싶은 사람들을 다 만나면서 당신의 마음을 준비하고 계셔요."

한편, 암으로 호스피스병동에서 아내의 임종을 지킨 남편은 병원의 입원형 호스피스의 단점을 이야기하였다. 남편은 "호스피스병동이라는 데가 통증을 없게 해주는 곳이더라고요. 통증이 있다고 하면 바로 와서 주사를 놓아주고 편안해지고... 그런데 그런 것은 병원에서만 쓸 수 있는 약인 것 같아요. 아마도 마약 성분이 들어간 진통제이겠지요. (중략) 호스피스병동에서 간병인을 써봤는데 제가 집에서 잠을 못 자겠더라고요. 마지막 가는 사람을 언제 갈지도 모르는데 다른 사람 손에서 가게 하는게... 그래서 제가 코로나 검사를 하고 들어가서 한 열흘간 같이 있었지요. 제가 너무 힘드니까, 아들이 이틀에 한 번 교대 해서 잠깐 밤에만 있어 주고... 코로나 때문에 집안 식구들은 와서 이야기도 못 하고." 남편은 코로나19로 호스피스병동 출입 제한으로 겪은 불편함을 이야기하고 있다.

앞의 두 사례를 통해 가정형 호스피스서비스가 활성화될 필요가 있음을 알 수 있었다. 가정형 호스피스서비스를 통해 가정에서 통증 조절이 가능하다면, 가족이 함께하는 편안한 환경 그리고 내가 평생 살아온 집에서 임종을 맞는 방안이 될 수 있을 것이다.

제5장
존엄하게 돌봄 받기

누구나 마지막 순간까지 인간으로 친절하고 정중하게 대우를 받아야 한다. 이러한 당연한 명제에도 불구하고 생애 말기나 임종기에 들어선 사람은 아직 살아 있음에도 불구하고 곧 죽을 사람이므로 가치 없고 무능한 사람으로 취급되곤 한다. 노인이 가족이나 의료진 또는 요양보호사나 간병인과 같은 돌봄 서비스 종사자로부터 무시당하고 존중받지 못하며 존엄한 대우를 받지 못하고 있다는 뉴스가 보도되곤 한다. 생애 말기에 어디서 누구로부터 어떤 보살핌을 받는가 하는 것이 존엄한 죽음을 결정하는 중요한 요인이 되고 있다.

살아있는 인간으로 존엄하게 대우받기

생애 말기에 어디에서 어떠한 돌봄을 받는가 하는 것이 죽음의 질을 평가하는 기준이 되기도 한다. 어느 며느리가 들려준 이야기이다. 치매에 걸린 시어머님이 뇌졸중으로 쓰러진 후 요양시설에서 생활하시다가 집에 돌아오지 못하고 그곳에서 돌아가셨다. 며느리는 시어머님의 죽음의 질 점수를 0점이라고 평가하였다. 그 이유를 어머님이 요양시설에서 지낸 7~8년 동안 겪은 육체적 고통도 컸지만, 심리적으로 받은 고통이 매우 컸다고 설명하였다. 며느리는 "요양원 그 사람들이 기저귀를 갈 때 휙휙~ 하고… 이러면서 느끼셨겠지요."라며 어머님이 그러한 거칠고 무례한 취급을 받는 것을 못마땅하게 여기셨고, 어느 순간부터 입을 닫아버리셨다고 하였다.

요양시설에서 지내시는 동안 어머님의 발가락 하나가 까맣게 썩었다. 병원에 모시고 갔더니 의사는 환부를 세심하게 살펴보고 안타까워하며 치료하려는 태도가 아니라 "나이가 든 노인이니까 수술은 하지 말고 그냥 내버려 두라."라고 했다. "곧 돌아가실 사람이라 가망도 별로 없다."라고 말하면서 치료에 열의와 정성을 다하지 않는 듯한 의사의 태도에 며느리는 분노를 느꼈다.

인터뷰에 임한 가족들이 기억하는 병원, 요양병원과 요양시설은 존엄성과는 거리가 먼 곳이었다. 요양병원에 어머니를 모셨던 아들은 할머니를 뵈러 병원에 다녀왔던 손자가 전한 말 "병원이 삭막하고 뭔가 좀 이상해. 사람을 거의 짐짝 취급해."라는 말을 가슴 아프게 기억하였다.

더욱이 코로나19로 인해 요양시설, 요양병원, 병원 등의 시설에 가족들을 비롯한 외부인의 출입 및 면회가 금지된 기간에 노인 환자가 존엄한 돌봄을 제대로 받았는지 장담하기 어렵다. 직장에 출근해야 하는 딸들은 병원에 입원 중인 아버지를 간병인에게 맡길 수밖에 없었다. 아버지는 "너희들은 모르겠지만 병원이 환자를 막 대한다. (중략) 병원에서 환자의 인권 존중이라는 것은 전혀 없다. 그냥 감옥이다, 이런 감옥이 없다."라고 전화로 말씀하시면서 의료진이 환자의 인권을 보호하지 않는 현실을 비판하셨다. 그리고 "간병인은 내가 뭘 갖다 달라고 해도 가져다주지도 않고, 뭘 부탁해도 들어주지도 않는다."라고 말씀하면서 간병인이 마음대로 고령의 환자를 통제하는 상황을 이야기도 하셨다. 어쩔 수 없이 아버지의 간병을 간병인에게 맡겼던 큰딸은 의료진이나 간병인이 고령의 환자, 어쩌면 생이 얼마 남지 않았을 사람들을 소홀하게 돌보고, 존엄하게 대우하지 않음에 격분하였다.

이러한 상황을 종합하여 유가족 중 한 사람은 "돈 있는 사람은 (좋은 병원이나 시설에서) 존엄한 죽음을 맞이할 수 있겠지만, 보통 평범한 사람들은 노부모를 그냥 요양원에 방치하게 된다"라고 말하였다.

임종 직후에도 존엄하게 대우받기

불과 30~40년 전만 해도 집에서 임종하고 장례를 치렀다. 임종이 가까워지면 환자가 평소 입던 옷 중에서 흰색이나 옅은 색의 깨끗한 옷으로 갈아입혀 드리고 가족들에게 연락하여 임종을 지켰다. 그런데 병원에서 임종을 주로 하게 되면서 환자복을 입은 채 임종을 맞게 되는 경우가 많아졌다.

인터뷰에 참여한 가족 중 한 사례, 딸의 이야기이다. 어머니는 아버지가 병원에 입원할 때부터 아버지가 돌아가시면 환자복을 입힌 채로 장례식장에 가면 안 된다고 몇 번이나 딸에게 당부하셨다. 그래서 아버지가 병원에 입원할 때부터 미리 깨끗한 흰옷을 준비해 놓았고, 임종 직후 바로 환자복을 흰옷으로 갈아입혀 드렸다. 임종시 깨끗한 옷으로 갈아입히는 행위의 의미를 정확하게 알기 어렵지만, 고인의 외관을 평소처럼 단정하게 해드림으로써 돌아가셨지만, 살아있는 인격처럼 대하고자 함이 아닐까.

다음은 저자의 경험이다. 아주 오래전 아버지는 한 달 정도 병원에서 지내시다 한밤중에 세상을 떠나셨다. 어느 날 아버지는 "병실에서 환자가 죽으면 시신은 사람이 타는 엘리베이터를 못 타고, 병원 건물 구석에 있는 짐 싣는 엘리베이터에 실려서 장례식장으로 이동하더라."며 당신이 죽으면 짐짝처럼 취급받으며 그 엘리베이터에 타고 싶지 않다고 말씀하셨다. 정말 임종 직후 장례식장으로 아버지를 옮기는데, 아직 온기가 채 식지도 않은 아버지를 짐 싣는 허름한 엘리베이터로 옮기려 했다. 딸은 병원 직원과 옥신각신한 끝에 한밤중이라 오가는 사람들이 없으니까 괜찮지 않겠냐며 한동안 실랑이를 한 후 일반 엘리베이터를 이용하여 아버지를 장례식장으로 모셨다. 불과 몇 분 전에 살아계셨던 고인에 대한 예의나 존중을 갖추기는 어려운 것일까?

　　몇 년 전 어머니는 당신의 소원대로 집에서 돌아가셨다. 경찰이 와서 어머니가 사망하셨음을 확인하는데, 가족에게 잠시 다른 방에 들어가 있으라고 하고 어머니를 살펴보는 듯했다. 경찰은 사고사가 아님을 확인하고 법의학자에게 연락하였다. 경찰이 나간 후 어머니를 살펴보니 어머니를 탈의시켜놓고 이불로 덮어 놓은 채 나간 것을 발견하였다. 깜짝 놀라 어머니 옷을 입혀드렸다. 연락을 받고 온 법의학자는 어머니의 병력을 확인하고 심폐소생술 시도 여부를 물은 후 어머니를 살펴보겠다고 가족에게 또 다른 방에 들어가 있으라고 하였다. 법의학자는 검시를 마친 후 어머니의 표정을 보니 편안하게 돌아가신 것 같다고 의례적인 말로 위로를 하며, 사망진단서를 장례식장으로 보내겠다는 말을 남기고 갔다. 법의학자가 나간 후 이불로 덮힌 어머니를 살펴보니 또 어머니의 옷이 모두 벗겨진 상태였다. 경찰이나 법의학자가 검시를 마친 후 어머니께 옷을 입혀 드리는 것이 힘이 드는 일이었을까? 아니면 시간이 없었던 것일까? 시신을 검시하는 그들의 태도에서 막 임종을 한 고인에 대한 최소한의 예의도 갖추지 않음에 당혹스러웠고, 분노하였던 기억은 잊히지 않는다.

사후 돌봄 등에 대한 고인의 결정을 존중하기

생애 말기 또는 임종기 돌봄과 사후 돌봄에 관한 사항에 대해 본인이 미리 의사를 표현할 수 있어야 하고, 가족들은 그 결정을 인정하고 따라주어야 한다. 예를 들어, 고인이 생전에 시신이나 장기를 기증하거나, 장례 방식이나 절차 등을 유가족에게 미리 당부하는 경우, 고인의 뜻을 그대로 실행하는 것 역시 고인의 자기결정권을 존중하는 것이다. 그런데 현실에서는 그렇지 못한 경우가 적지 않다.

시신 기증은 자신이 사망한 후 아무런 조건 없이 의학 발전을 위해 의과대학에 의학 연구 및 해부학 교육을 위하여 자기 몸을 기증하는 것을 말한다. 사례 중 한 분의 고인이 생전에 시신 기증을 서약하였다. 어머니는 생전에 장기기증을 대학병원에 해 놓으시고는 딸에게 "내가 죽으면 네가 장례를 안 해도 되고 거기서 다 알아서 해준대."라고 말씀하셨다. 딸은 어머니에게 "왜 시신 기증을 했느냐?, 우리랑 의논도 없이 시신 기증을 해버렸냐?"며 화를 내었다. 딸은 시신 기증을 하게 되면 가족이 장례식을 제대로 치르지 못한다는 이야기를 들은 적이 있어서 어머니의 시신 기증 결정이 탐탁지 않았다. 딸이 알아보니 어머니가 자신을 보호자로 해 놓았으며, '어머니가 돌아가시고 연락을 해주면 장례식을 마친 후 어머니 시신을 수습해 간다. 그리고 후에 화장시킬 때 보호자가 오지 않으면 하지 못하므로 꼭 오라.'는 설명을 들었다. 결국 빈소를 차리고 장례 미사를 마친 후 대학병원에서 시신을 가져갔다. 하지만, 인터뷰하는 당시까지 화장하지 못한 상황이라 딸로서는 장례를 온전히 마치지 못한 찜찜한 상태로 지내고 있었다.

고인이 생전에 매장용 토지를 구입하여 묘지를 준비해 놓았지만, 고인의 소망을 자녀들이 들어드리지 못한 사례가 있다. 어머니는 오래전 가족 묘지를 구입하여 예쁘게 꾸며서 준비해 놓으셨다. 그리고 평소에 "내가 죽으면 절대 화장하지 마라. 내 몸이 불에 타는 것만 생각하면 끔찍하다."라고 가족에게 여러 번 당부하셨다. 와상 상태로 6~7년째 아버지의 간병을 받으며 집에서 편안하게 잘 지내셨다. 어느 날 아침 어머니의 컨디션이 이상하여 코로나19 검사를 하였고, 그날 밤 어머니는 세상을 하직하셨다. 코로나19 진단검사 결과가 감염된 것으로 확인되어 어머니는 염도 하지 못한 채 비닐에 싸여 화장할 수밖에 없었다. 아들은 어머니께 약속을 지켜드리지 못한 것을 무척 속상해하였다.

또 다른 사례이다. 어머니는 생전에 햇빛이 잘 드는 곳에 묘지를 준비하고, 비석까지 미리 세워서 아버지와 어머니의 이름을 새기고 돌아가신 날짜만 새기면 되도록 준비해 놓으셨다. 어머니가 먼저 돌아가셨고 어머니의 소원대로 매장을 해드렸다. 그런데 코로나19로 돌아가신 아버지는 화장하여 납골당에 모시게 되었다. 한 분은 묘지에 누워 계시고, 다른 한 분은 납골당에 모신 상태가 되었다. 결국 어머니 뜻을 온전히 받들어 드리지 못하고, 어머니 묘지를 정리하여 아버지가 계신 납골당으로 모시기로 하였다.

가족 간의 종교가 달라서 고인이 바라던 대로 장례식을 치르지 못한 사례도 있다. 시어머님은 절실한 불교 신자였지만, 장손이 교회를 다녔다. 어머님 종교를 따라 불교식으로 장례식을 치르자니 장손이 반대하고, 장손의 뜻에 따라 교회식으로 장례를 치르자니 그 또한 가족의 마음에 걸려 불편하였다. 그래서 결국 아무런 식도 없이 장례를 치렀다. 누구를 위한 장례식인지 질문을 하게 되는 상황이다.

제6장
자신의 상태에 대해 진실을 알고
삶을 마무리하기

생애 말기나 임종기에 들어선 노인일지라도 가족이나 의료진으로부터 자신의 상태에 대해 정확하고 투명하게 설명을 듣고 자신이 처한 상황에 대해 제대로 알 권리가 있다. 왜냐하면 누구나 자신이 선택한 방식대로 자신의 삶을 끌고 갈 수 있는 권리를 보호받아야 하는데 이를 위해서는 자신이 처한 상태에 대한 진실을 아는 것이 우선되어야 한다. 그런데 가족이나 의료진은 고령 환자에게 질환 상태나 치료와 관련된 사항 등을 투명하고 정확하게 알려주고 있을까?

자신이 처한 상황을 제대로 알기

나이가 많든 적든 누구나 자신에 관한 사실을 있는 그대로, 진실을 알아야 할 권리가 있다. 특히 아플 때, 자신의 질병에 대해 알 권리가 있고, 의사는 사실대로 알려야 할 의무가 있다. 죽음의 길에 들어섰다면, 얼마 남지 않은 시간을 충실하고 의미 있게 보내기 위해서라도 자신에게 죽음이 임박했음을 알아야 한다(알폰스 데켄, 1999).

한 아들은 의사로부터 "아버지의 질환이 폐암으로 이미 치료하기 어려운 상태이다. 여명이 길지 않은 것으로 예상되는데 아주 길게 봐야 세달 정도이므로 마음의 준비를 해라."는 말을 들었다. 아들은 아버지가 살고 싶어 하는 의지가 매우 강해서 감히 폐암이라고 말씀을 드리지 못하였다. 아들이 병실에서 간병하며 지낼 때, 아버지가 통증으로 고통스러워하며 "나 이제 갈 날이 얼마 남지 않은 것 같다. 괴롭다."라고 신음하며 말씀하신 적이 있는데도 진실을 말씀드리지 못하였다. 아버지는 집으로 돌아오지 못하시고 돌아가셨다.

다른 가족의 이야기이다. 아버지가 암 진단을 받을 때는 이미 말기로 두세 달 밖에 시간이 남지 않은 상태였다. 아버지는 집에서 어머니의 간병을 받으며 지내시다 돌아가셨다.

가족들은 아버지가 연세가 많아 수술하면 위험하다고 생각했다. 그래서 아버지에게는 계속 약을 복용하면서 생활해야 한다고 말씀드렸을 뿐, 무슨 암인지 앞으로 얼마만큼 사실 수 있는지 등을 끝내 이야기하지 않았다. 가족은 아버지가 심적으로 힘들므로 굳이 이야기할 필요가 없다고 판단했다. 그러나 인터뷰에서 딸은 아버지가 마음의 준비를 하도록 이야기하는 게 맞는 것인지, 아니면 모르고 편안하게 세상을 떠나는 것이 맞는 것인지 아직도 잘 모르겠다며 혼란스럽다고 하였다.

앞의 인터뷰들에서 언급되었듯이 고령자가 병에 걸리면 가족이나 의사가 본인에게 제대로 알리지 않는 경우가 종종 있다. 의사들의 말에 따르면, 노부모가 암에 걸리면 가족들은 부모님이 치료를 포기하거나 삶의 의욕을 잃게 될 것을 우려하여 의사에게 부모에게 병명을 비밀로 해달라거나 심각한 상태임을 말하지 말아 달라고 부탁하는 경우가 많다고 한다. 설문조사에서도 의사 중 1/10도 안 되는 8.4%만이 노인 당사자에게 암 진단 사실을 직접 이야기하고, 71.2%는 의사가 배우자나 자녀에게 먼저 이야기한 후 노인 당사자에게 암 진단 사실을 이야기하며, 18.6%는 의사가 배우자나 자녀에게 먼저 이야기한 후 가족들이 노인에게 이야기하였다. 노인 자신이 건강상태에 대해 알아야 하는 주체임에도 불구하고 노인 당사자는 그 상황에서 제외되고 있다(임연옥, 2016).

심지어는 배우자조차 제외되는 상황도 발견되었다. 인터뷰에 참여한 고령의 아내는 "뭔 일이 있으면, 의사가 나에게 연락하지 않고 아들한테 연락하더라."라고 말하면서 남편에게 가장 가까운 사람인 자신이 남편의 상태나 치료 방향 등에 대해 직접 듣지 못하고 매번 아들을 통해 설명을 들어야 하는 상황이 계속되어 답답하였음을 호소하였다.

이러한 상황의 연장선상에서 많은 경우 자녀는 부모님의 상태가 회복하기 힘든 상황임을 알면서도 '당신은 죽어가고 있다.', '당신의 삶이 얼마 남지 않았다'라는 사실을 당사자에게 말하는 것을 두려워하고, 곤혹스러워하며, 피하고 싶어 한다. 오히려 "힘내세요. 이번 고비만 잘 넘기면 집으로 가실 수 있어요." "곧 나아질 거예요," "금방 괜찮아질 거라고 의사가 얘기했어요."라고 기만하는 말을 하곤 한다. 이를 롤란트 슈츠는 '자비로운 거짓말'이라고 불렀다. 그런데 가족이나 의사가 자신이 어떠한 상태인지, 무슨 일이 일어나고 있는지 당사자에게 알리지 않는, 이러한 자비로운 거짓말은 노인에게 죽음을 받아들이고 삶을 정리할 시간을 빼앗는 폭력에 가깝다.

삶을 정리하기

　인터뷰 사례 중 한 아버지는 평소 고혈압, 당뇨병, 고지혈증, 심장병 등의 만성질환을 여러 개 가지고 있었다. 돌아가시기 1년 전쯤 갑상선 기능저하를 진단받고 호르몬제를 복용해 왔고, 1주일에 세 번씩 신장 투석을 하였다. 아버지는 힘들게 신장 투석을 하면서 어느 정도 마음의 준비를 하시고 주변 정리를 하고 계셨다. 아버지는 장례식에 쓸 영정사진을 사진관에 가서 미리 찍어 놓으셨고, 장례비로 쓸 돈과 자기 형제들이 세상을 하직했을 때 전해주라고 조의금도 딸에게 맡겨 놓으셨다. 돌아가시기 한두 달 전부터 아버지는 밤마다 서랍을 뒤져서 분류하고 정리하셨다. 딸은 장례를 마친 후에 아버지 컴퓨터에서 아버지가 당신의 부고를 알릴 사람의 명단을 정리해 놓고 인쇄까지 해 놓았음을 발견하였다. 그런데 딸은 "아버지가 주변 정리를 하기에는 시간이 충분하지 않았고, 마무리를 다 하지 못하고 떠나신 것이 안타깝다."라고 하였다. 딸은 좋은 죽음을 맞기 위해서는 자신이 처한 상황을 제대로 알고 주변 정리도 할 충분한 시간과 마음에 응어리진 사람들과 화해하고 용서하고 갈 시간이 주어져야 한다고 강조하였다.

30여 년 전 저자의 할아버지는 허리 통증이 심하여 허리 수술을 받으러 서울의 큰 병원에 입원하였다. 그런데 수술 전 검사에서 허리 문제가 아닌 간에 문제가 있음을 알게 되었고, 수술하지 못한 채 병원에 입원한 상태로 지내시게 되었다. 간암 말기였는데 의사도 아버지도 할아버지께 이 사실을 감히 말씀드리지 못하고 있었다. 할아버지 댁에서 고등학교를 다녀서 할아버지와 친밀한 관계였던 저자는 할아버지를 뵈러 갔다. 할아버지는 "내가 무슨 병인지 알고 있다. 의사도 네 아버지도 다들 쉬쉬하며 말하지 않는데, 네 아버지와 엄마에게 내가 이미 다 알고 있다고 말해주렴. 그리고 시간이 얼마 남지 않은 것 같은데 전주 집에 한번은 가서 정리를 하고 오고 싶다."라고 말씀하셨다. 그날 밤, 부모님께 할아버지 말씀을 전해드렸다. 며칠 후 할아버지께서는 구급차 침대에 누워서 전주 집에 가셔서 당신 아들과 함께 하룻밤을 지내시고 오셨고, 일주일 정도 지나서 돌아가셨다. 한참 후 아버지는 "할아버지가 회복할 수 없는 상태인 것을 아시게 되면 낙망하고 생의 의지를 놓으실까봐 감히 말씀을 드리지 못했었다며 구급차에 실려서라도 평생 사셨던 전주 집에 가셔서 맑은 정신으로 중요한 사항들을 정리하고 오실 수 있어서 정말 다행이었다."라고 말씀하셨다.

병원에 입원했다가 코로나19에 감염되어 코로나 집중치료센터에서 돌아가신 아버지를 회상하는 아들과 코로나19 예방주사를 맞은 후 어지럼증을 호소하던 중 아파트 화단을 가꾸다가 쓰러져 중환자실에서 이틀 만에 사망한 남편을 회상하는 아내, 두 사람은 아버지와 남편이 자기 죽음을 예비할 수 있는 시간을 전혀 갖지 못하고 떠난 것을 안타깝게 여겼다. 남편을 갑자기 여윈 아내는 사별 경험을 통해 자신에게 무슨 일이 일어나는지 알아야 하고, 이에 대처할 수 있을 정도로 맑은 정신을 유지해야 한다고 강조하였다.

부모님과 시어머님의 죽음을 경험한 인터뷰 참여자는 "죽음이 가까웠음을 본인이 알아야 하고, 죽어야 한다는 사실에 화가 나면 화가 나는 대로 표현할 수 있어야 하는데... 노인이 무슨 병에 걸리면 얘기를 해주지 않잖아요? 화를 내고 슬퍼하는 과정을 다 겪고, 스스로 죽음을 받아들이고 죽는 것이 맞는 것 같아요. 그렇지 않으면 마무리를 제대로 하지 못하는 것 같아요."라고 하였다. 그래서 죽음의 과정에 들어가고 있음을 본인이 인식할 수 있게 하고, 그 과정에서 경험하게 되는 정서적 문제나 기타 문제를 해결할 수 있도록 돕는 죽음 준비 과정이 있어야 편안하게 죽음을 받아들일 수 있을 것이라고 하였다.

자신의 병이나 상태에 대해 알게 되면, 내가 왜 죽어야 하는지 분노가 일게 되고, 분노 표출이 잦아들면 죽음을 피하거나 지연시키기 위해 종교에 귀의하거나 신에게 맹세하면서 타협을 시도하게 되는데, 그러한 타협도 통하지 않음을 깨달으면서 우울함에 빠지게 된다. 이러한 과정을 거쳐서 죽음을 피할 수 없음을 인정하게 되고 죽음을 받아들이게 된다. 퀴블로 로스가 제시한 부정, 분노, 타협, 우울의 단계를 거쳐 죽음을 받아들이기까지 얼마나 시간이 걸릴지 알기 어렵다. 가족은 이러한 단계들을 겪는 것을 곁에서 묵묵히 지켜주며, 자기 죽음을 인정하고 삶을 마무리할 수 있도록 도와야 한다.

임종이 가까움을 알고 마지막 인사하기

당신 스스로 이미 임종기에 들어섰음을 알고 계셨던 사례이다. 폐렴으로 병원에서 입원한 아버지는 자신의 상태가 점차 나빠지자 돌아가시기 2주 전쯤 딸에게 "나는 이제 가망이 없는 것 같다. 먼저 갈 것 같다."라며 몇 가지 당부 말씀을 하셨다. 그리고 돌아가시기 일주일 전에 아버지는 친구들에게 전화해서 "내가 이제 먼저 갈 것 같다."라고 마지막 인사를 하셨다. 딸은 아버지가 죽음이 임박하였음을 이미 알고 자녀들과 친구들에게 마지막 인사를 하신 것으로 이해하였다.

간암 말기로 집에서 지내던 남편은 새벽에 화장실에 들어 갔다가 나오자마자, 아내에게 급히 119를 부르라고 하였다. 서둘러 병원에 입원한 그날 밤, 남편은 병실에 불러 모은 가족과 지인들에게 둘러싸여 마지막 인사와 당부를 하고 평화로이 눈을 감았다. 아내는 남편이 의사였기 때문에 임종 증상이 자신에게 나타나고 있음을 알고, 급히 병원에 가자고 했던 것 같다고 이야기한다.

시아버님을 비롯한 온 가족이 가톨릭 신자인 집안의 사례이다. 집에서 간병을 받으며 침대 위에서만 지내시던 시아버님은 당신이 회복되기 어려움을 아시고는 가족에게 병자성사를 준비해달라고 부탁하셨다. 병자성사를 마친 후 신부님께서 오셔서 아버님께 "아내에게 그동안 수고했고, 고생했다, '사랑한다'라고 말씀하시라."라고 권하셨고, 평소 무뚝뚝한 성품이라 그런 표현을 하지 않으실 줄 알았는데 아내에게 그 말씀을 하시고, 자녀들에게는 사이좋게 지내라고도 당부 말씀을 하셨다.

중환자실에서 기도 삽관술을 하여 말하지 못하는 남편은

면회를 온 아내에게 매번 종이에 "식구들에게 미안하다, 잘해주지 못해서 미안하다."라는 말을 썼다고 한다. 아내는 마지막 순간에 병원에서 작은 방으로 옮겨서라도 남편에게 마지막 인사를 조용히 할 수 있는 시간을 주었으면 좋았는데, 그러지 못한 것이 아쉬움으로 남아 있다.

시부모님을 두 달 간격으로 떠나보낸 며느리의 경험이다. 내과 병동에서 간호사로 근무하면서 암환자를 많이 돌본 적이 있다. 암환자에게 통증을 조절하는 약을 많이 쓰게 되면, 환자의 기운이 없어지고 중추 신경을 마비시키게 되는데 그렇게 되면 의식이 흐릿해진다. 그래서 의식이 명료할 때, 가족과 마지막 인사를 할 수 있는 시간을 충분히 가질 수 있으면 좋겠다는 생각을 평소 자주 한다고 했다.

유족들의 이야기를 통해 임종 증상이 나타나기 전, 더 명확하게는 의식이 혼미해지거나 흐려지기 전에, 당사자에게 자신의 상태에 대해 제대로 알려주는 것이 바람직함을 알 수 있다. 그리고 자신의 삶을 마무리하고 가족과 친구들과 마지막 인사를 서로 나누는 시간을 가질 수 있도록 해드리는 것은 떠나는 분에 대한 존중을 표하고, 품위 있는 죽음을 맞이할 수 있도록 돕는 길이 됨을 알 수 있다.

제7장
연명의료에 대한 자기 결정권 존중받기

노년기에 주체적인 삶을 살 수 있도록 자율성과 자기결정
권을 보호하여야 함이 강조되고 있다. 이는 자립적인 생활이
가능한 시기에만 적용되는 것이 아니라 죽음의 과정에서도
적용이 된다. 노인이 연명의료 시행 여부나 장기기증과 시신
기증 등에 대해 자기 의사를 밝히는 것은 매우 중요하다. 그
리고 가족이 그 의사를 존중하는 것도 중요하다. 그런데 현실
에서는 임종이 임박한 노인들의 자기결정권이 어떻게 얼마
나 보호되고 있을까?

연명의료 의사를 밝히고 존중받기

연명의료결정제는 사전연명의료의향서와 연명의료계획서를 통해 임종 과정의 기간만을 연장하는 연명의료를 시행하지 않거나 중단할 수 있도록 하는 기준과 절차를 마련하여 국민이 존엄하게 삶을 마무리할 수 있도록 돕는 제도이다(국립연명의료관리기관). 2018년 2월 4일 일명 존엄사법으로 불리는 '호스피스·완화의료 및 임종 과정에 있는 환자의 연명의료 결정에 관한 법률(연명의료 결정제도)'가 시행되었다.

이 제도가 시행된 이후 2023년 10월 기준 실제 의료기관에서 연명의료 중단 등의 결정을 이행한 건은 30만 건에 달하고 사전연명의료의향서를 등록한 사람은 200만 명이 넘는다.

인터뷰 사례의 두 분의 고인이 연명의료의향서를 작성하였고 이에 따라 이행되었다. 그리고 유가족 중 두 명이 사별을 경험한 후 사전연명의료의향서를 작성했으며, 다른 몇몇 유가족이 연명의료에 대한 자신의 의향을 구두로 가족에게 밝혔다.

스스로 연명의료계획서 작성하기

현재 회생 가능성이 없는 임종기 환자가 연명의료를 중단하거나 유보하는 데는 여러 가지 방식을 취할 수 있다. 그 방법 중 하나는 환자가 직접 연명의료계획서를 작성하는 것이다.

중환자실에 들어가는 급박한 상황에서 환자 본인이 연명의료계획서를 작성한 사례이다. 호흡곤란으로 중환자실에 입원하게 된 아버지는 "내가 중환자실에 들어가면 어떤 조치도 하지 마라, 아무것도 하지 않겠다."라고 아주 명확하고 강하게 자기 의사를 표현하셨고, 연명의료의향서를 직접 작성하셨다. 그리고 일반병실로 옮겨서도 자녀들에게 틈만 나면 "아무것도 하지 마라."라고 말씀하셨다.

아버지에게 위급한 상황이 닥치자 의료진은 자녀들에게 "정말 아무것도 안 할 거냐? 아무것도 하지 않기로 한 것 맞느냐?"라고 여러 번 물어보았고, 자녀들은 "워낙 강력하게 원하시니까 저희도 어쩔 수 없다."라고 대답하였다. 그리고 얼마 지나지 않아 아버지는 돌아가셨다.

본인 의사를 가족이 대신 진술하기

임종기 환자가 연명의료를 중단하거나 유보하는 방법 중 다른 방법은 가족 2명 이상이 '평소 환자가 연명의료를 원하지 않았다'라고 일치된 진술을 하는 것이다. 췌장암을 진단받고 치료받으시던 어머니는 "내 몸에 주렁주렁 이런저런 거를 달고 사는 것을 원치 않는다."라고 자식들에게 여러 번 이야기하셨다. 어머니가 의식이 혼미한 상태로 중환자실에 들어가게 되자 의사는 중환자실 앞에 대기하고 있는 삼 남매에게 어머니에게 연명의료를 시행할지를 결정하라고 하였다. 삼 남매는 평소에 어머니가 여러 번 강조하시던 말씀을 기억해 내고 합의하여 서류에 사인을 했다.

이 삼 남매 중 아들은 노년 말기에 최소한의 자기 존엄성을 지킬 수 있어야 하며 그러한 선택이 존중받아야 함을 어머니를 떠나보내면서 알게 되었다고 말하였다. 어머니를 떠나보낸 후 아들은 아내와 자식에게 연명의료에 대한 자신의 생각을 이야기하고 당부해 두었다.

남편은 70대 후반에 폐와 심장에 탈이 나서 일을 그만두었다. 아내는 이때부터 남편에게 연명치료에 관해 이야기를 틈틈이 해왔고, 남편도 연명의료를 하지 않는 것에 말로는 동의하였다. 그러나 아내와 남편은 서류를 작성하지는 못하였다. 남편이 중환자실에 들어가게 되어 두 달이 되었을 시점에 의사는 기도삽관술을 해야 한다고 가족들에게 동의를 구하였다. 아내는 하지 않겠다고 하였고, 아들은 "어떻게 하지 않느냐! 아버지를 살려야 한다."라고 하여 모자간에 심한 의견충돌을 겪었다. 그 와중에 연명의료를 거부하였던 아내는 정신이 말똥말똥한 남편에게 기도삽관술을 거부하는 자신이 살인자가 되는 느낌도 들어서 심적으로 무척 고통스러웠다.

가족 합의로 연명의료 중단 및 유보 결정하기

현재 회생 가능성이 없는 임종기 환자가 연명의료를 중단하거나 유보하는 여러 방법 중에서 환자의 뜻을 직접적으로 알 수 없을 때는 가족 전원의 합의와 결정으로 연명치료를 유보 또는 중단할 수 있다. 인터뷰 사례 중에서도 평소 연명의료에 대한 자기 의사를 밝혀 놓지 않은 경우에 배우자나 자녀들의 의견에 따라 연명치료를 유보하거나 중단한 사례가 있었다.

집에서 어머니의 돌봄을 받으며 지내던 아버지가 새벽에 갑자기 쓰러져서 응급실로 이송 중이라는 연락을 받고 달려

갔다. 119로 병원으로 이송 중 아버지에게 심정지가 와서 심폐소생술을 두 번이나 하였다. 그런데 병원 응급실 도착 후 만난 의사는 약물을 투여하면 2~3시간 정도 연명이 가능한데 약물투여에 동의하느냐고 가족에게 물었다. 어머니는 자녀들에게 "이미 심폐소생술을 두 번이나 하였는데, 어차피 가야 한다면 편안하게 가게 해드리자."라고 말씀하셨다. 평소 아버지는 연명치료에 관한 생각을 말씀하신 적이 없었다. 어머니는 과거에 친척 중 한 분이 임종이 임박하였지만, 가족이 다 모이지 않아 약물을 두세 번 정도 투여하면서 시간을 끌며 생명을 유지했던 경험이 있고, 그 상황을 좋지 않게 여겼었다. 자녀들은 어머니의 판단에 동의하였고, 아버지는 숨을 거두셨다.

의료진이 약물을 투여하여 아버지의 생명을 연장하는 것에 동의하는지 물어보는 질문을 받은 또 다른 가족이 있다. 가족 중 장남은 연명치료가 아버지를 더 고통스럽게 하는 것일 수 있다는 조언을 지인한테서 듣고 연명치료를 하지 않으려 했고, 어머니는 종교적인 측면에서 아직 갈 때가 되지 않았는데 할 수 있는 노력을 다하지 않고 남편을 보내야 한다는 점에서 아들의 의견을 받아들이기 힘들어하셨다. 결국 아내는 아들의 주장에 따라 남편을 떠나보냈다.

미리 사전연명의료의향서 작성하기

임종기 환자의 연명의료를 중단하거나 유보하는 방법으로 건강할 때 미리 '사전연명의료의향서'를 작성해 놓는 것이다. 기도 삽관술로 아들과 갈등을 빚었던 사례에서 아내는 남편과 사별한 지 얼마 지나지 않아 '자신의 결정을 서류로 만들어 놓아야 자식들이 부담을 느끼지 않을 것이다.'라는 생각이 들었다. 그래서 집에서 가까운 곳에 위치한 건강보험공단 지사에 가서 '사전연명의료의향서'를 직접 작성하고 왔다. '사전연명의료의향서'는 나중에 아파서 자신이 회복할 수 없는 상태에 빠졌을 때 연명의료를 받지 않겠다는 뜻을 미리 밝혀두는 서류를 말한다. 그런데 아내는 '사전연명의료의향서'를 작성해 놓을지라도 자신의 결정이 그대로 지켜질 수 있을지를 걱정하였다. 왜냐하면 의사는 사람을 살리는 것이 의무인 사람이므로 나를 살리는 방향으로 자식들에게 설명할 것이고, 그 설명을 듣고 자식이 연명의료를 하기를 원하면 본인 의사와 상관없이 연명의료를 실행하게 된다는 이야기를 들은 적이 있기 때문이다.

비슷한 맥락에서 남편과 갑작스레 사별한 아내는 "내가 정신이 있으면 내가 어떻게 해달라고 얘기를 하는데 만약에

내 정신이 오락가락하면 아이들 마음대로 할 거 아니야. 그게 그런 일이 없어야 해요. 정신이 맑아야 한다는 거지요."라며 죽기 전까지 정신을 온전하게 유지하는 것이 자기 의사를 존중받으며 죽음을 맞이할 수 있는 것으로 인식하고 있었다.

한 부부는 할아버지가 치매로 고생하시다 돌아가시는 과정을 지켜보았다. 그래서 '고생하지 않고 편하게 갔으면 좋겠다.'라는 생각을 하고 사전연명의료의향서를 작성했다. 그리고 자녀들에게 "우리는 나중에 이런저런 거로 고생하기 싫고, 하지 않을 거니까 너희들은 그런 줄 알아라."라고 이야기하곤 했다. 그 이야기를 들어왔던 딸은 이제 홀로 남은 어머니가 "예전만 못한데, 편안하게 지내시다 가실 때는 편안하게 가셨으면 좋겠다."라며 연명의료에 대한 어머니의 의견을 존중해 드려야겠다고 다짐하고 있다.

연명의료에 대해 제대로 알기

연명의료결정제도는 심폐소생술, 혈액투석, 항암제 투여, 인공호흡기 착용, 체외생명유지술(ECLS · 심장이나 폐순환 장치), 수혈, 승압제 투여 등과 같은, 아무런 치료 효과 없이 임종기에 접어든 말기 환자의 생명만 무의미하게 연장하는 의학적 시술을 중단하거나 유보하는 것을 말한다(국립연명의료관리기관). 유보는 연명의료를 처음부터 시행하지 않는 것이고, 중단은 시행하던 연명의료를 그만두는 것이다.

그런데 사람들은 대부분 연명의료를 하지 않기로 결정하는 것으로만 알고 있을 뿐, 중단과 유보에 대해 정확하게 구분하여 이해하지 못한다. 그리고 연명의료에 해당하는 여러 의학적 시술이나 처치 방법에 대해서도 정확하게 이해하지 못하고 있다.

연명의료에 해당하는 수혈이 아버지의 여명과 삶의 질에 어떤 영향을 미칠 수 있는지에 대해 의료진이 설명하고, 그 설명을 들을 만한 가족의 정신적 여유가 있었다면 아버지의 마지막 모습은 조금 달라지지 않았을까 하는 아쉬움이 남는 사례가 있다. 집에서 어머니의 간병을 받으시던 아버지는 통증이 너무 심해지자 미리 신청해 놓고 대기 중이던 호스피스 병동에 연명의료계획서를 작성하시고 입원하셨다. 입원할 때 의사는 아버지가 길어야 일주일에서 열흘 정도 버티실 것 같다고 하였다.

의사가 수혈하자고 하였으나, 아버지는 "어차피 죽을 것인데 내가 수혈을 뭐하러 하느냐!"며 수혈을 받지 않았다. 호스피스병동에 들어간 후 진통제를 많이 맞으면서 아버지의 의식이 흐려지고 점차 식사를 하지 못하시게 되었고 며칠 후 돌아가셨다. 아버지가 돌아가신 후 딸은 의사가 수혈을 권했을 때 수혈을 했다면, 아버지가 기력을 조금 회복하셔서 집으로 돌아오신 후 집에서 임종할 수 있었지 않았을까 하는 생각을 하였다.

제8장
부담 주지 않고 떠나기

죽음의 고통을 이야기하면 신체적으로 겪을 고통을 가장 먼저 떠올린다. 그런데 정신적 고통도 매우 큰 부분을 차지한다. 정신적 고통에는 죽음 자체에 대한 공포와 함께 가족관계를 포함한 사회관계에서 해결하지 못한 문제로 인해 받게 되는 심리적 통증도 포함된다. 자립생활이 어려워지는 노년 말기로부터 임종에 이르는 시기까지 돌봄이나 간병은 불가피하다. 이 시기에 들어선 많은 노인들이 가족에게 돌봄으로 인한 육체적, 심리적, 경제적 부담을 주지 않기 위해서 자신이 선호하는 돌봄 방식과 임종 장소를 포기하고 요양병원이나 요양시설을 선택한다. 가족에게 부담을 주지 않기 위한 이러한 결정이 과연 죽음의 질을 보장하는 것인지 숙고해 볼 필요가 있다.

간병 부담을 주지 않고 떠나기

노인이 말하는 좋은 죽음이나 웰다잉의 조건을 들어보면 반드시 '가족에게 부담을 주지 않고 떠나는 것'이 포함되어 있다. 노인들의 대화 속에 '9988234'가 자주 등장한다. 99세까지 팔팔하게 건강하게 살다가 2~3일만 아프다가 가고 싶다는 이야기이다. 2~3일만 아프다는 것은 본인이 신체적으로 고통을 덜 받고 가는 것뿐만 아니라 자녀들에게 간병으로 인한 부담을 주지 않기를 바란다는 의미를 포함한다.

생애 말기의 돌봄이 얼마나 힘든지 알 수 있는 사례이다. 어머니는 치매에 걸린 아버지를 집에서 돌보시다가 마침내 주간보호센터에 다니시도록 했다. 아버지는 자신이 치매에 걸려 아내를 너무 힘들게 하는 것을 미안해했고, 날씨가 나쁘거나 움직이는 것이 귀찮은 날에도 아내를 힘들지 않게 하려고 꼬박꼬박 주간보호센터에 가셨다. 인지능력이 더 떨어지고 거동도 불편해져서 혼자 화장실에 다니시지 못하게 되면서 아버지는 주간보호센터조차도 다니기 어려워졌다. 그리고 집에서 아버지를 온종일 돌보던 어머니가 허리를 다치고 "이러다가 내가 죽겠다. 도저히 간병은 더 이상 못하겠다."라고 말씀하시는 지경에 이르러서야 요양시설로 아버지를 모셨다. 아버지는 요양시설로 옮기신 이후 상태가 더 나빠져서 누워만 계시고 거의 잠만 주무시는 듯했다. 아버지는 그곳에서 1년 정도 계시다가 돌아가셨다. 아버지가 돌아가시자 어머니는 '짐을 덜었다'라며 홀가분 해하셨다.

인터뷰에 참여한 유가족 중 한 사람은 "살아있는 것이 고통스럽고 힘들면 안 사는 게 좋다"며 대소변 수발을 받으며 오랜 시간 병상에서 지내는 것은 자식들을 간병으로 힘들게 하는 것이고 본인 자신에게도 삶의 의미가 없다고 말하였다.

다른 유가족 역시 "배우자나 자식에게 민폐가 되지 않게, 아파도 2~3일 아프고 가야지, 크게 아파서 간병 부담을 주지 않는 게 좋다"라고 하였다.

또 다른 사례이다. 아버지는 집에서 어머니와 함께 지내시다 갑자기 쓰러지셔서 응급실로 이송 후 그 자리에서 임종하셨다. 당신의 삶을 마무리할 시간도 없었을 뿐만 아니라, 코로나19 시기에 응급실에서 사망해서 가족과 마지막 인사를 나눌 수도 없었다. 그래서 아버지의 죽음이 매우 안타까운 부분이 있지만, 아들은 죽음의 질 점수를 9점 정도로 좋게 평가하였다. 그 이유는 아버지가 살면서는 어머니에게 고생을 많이 시켰는데, 돌아가실 때는 자신도 고통 없이 편안하게 돌아가셨을 뿐만 아니라 돌아가실 때는 어머니를 고생시키지 않았기 때문이었다.

89세 어머니가 아버지를 돌보며 생활하고 계셨다. 다행히 아버지는 혼자서 화장실까지 가서 용변을 보시는 정도는 되셨고 집 안에서만 움직이며 지냈다. 그런데 갑자기 폐렴으로 병원에 입원하였고, 입원한 지 2주 만에 병원에서 더 이상 치료할 것이 없다고 하여 요양병원으로 옮기셨다. 아버지는 일주일 후 요양병원에서 숨을 거두셨다. 자녀들은 어머니가 아버지를 집에서 오랫동안 돌보시느라 많이 지친 상태였는데, 아버지가 어머니를 힘들게 하지 않고 돌아가신 것이 다행이라고 여겼고 어머니는 남편이 오래 버텨서 자식들을 힘들게 하지 않아서 다행이라고 했다. 어머니는 딸에게 "아프지 않고 갔으면 좋겠다. 그리고 너희를 힘들지 않게 하고 갔으면 좋겠다. .... 자다가 가면 좋겠다. 내가 있을 때까지는 혼자 살다가 최대한 그리고 죽을 때 바로 죽었으면 좋겠다."라고 말씀하시곤 한다. 이렇듯 부모는 건강을 유지하여 최대한 자립생활을 하다가 자녀에게 간병 부담을 주지 않고 죽음을 맞고자 하는 소망이 컸다.

경제적 부담 주지 않고 떠나기

　병원 중환자실에서 지내던 남편을 요양병원에 입원시킨 아내는 병원비와 간병비 등이 큰 부담이 되었음을 이야기하였다. 아내는 남편이 병원 중환자실에 있는 동안에 의사가 하자는 대로 다 할 수밖에 없었고 남편이 회복되지도 못하는데 돈만 계속 들어가게 되니 돈 걱정이 많이 되었다. 남편이 병원 중환자실에서 나와 요양병원으로 옮겼어도 돈 걱정은 계속되었다. 요양병원비를 아들이 감당하였는데, 남편 이름으로 나오는 노령연금에 나머지를 아들이 보태어서 해결했다. 아내는 "한 달에 간병비하고 들어가는 돈이 만만치 않았다."라며 나중에 돈이 부족하면 살고 있는 집을 팔아서라도 살려야 하는가 하고 고심도 했었다고 한다. 코로나19 시기로 요양병원에 가도 남편을 겨우 15분밖에 보지 못하는데 남편 상태는 좋아지지는 않고 돈은 계속 들어가고 언제까지 이렇게 지내야 하는지 막막하고 걱정이 컸다. 다행스럽게도 남편은 요양병원에서 5개월 만에 세상을 떠났다.

　당뇨병과 고혈압을 앓고 계시던 아버지는 갑자기 마비 증상이 오면서 호흡이 곤란해서 중환자실에 입원하셨다. 중환자실에 있는 동안 진단을 위해 MRI와 CT 등을 계속 찍었지만 아버지가 완전히 회복될 수 있는 치료법을 의사가 제시하는 것도 아니었다. 여러 검사를 반복하는 것이 탐탁하지 않았지만 거부할 수도 없었다. 아버지가 병원 중환자실에서 일반병실로 나오셨다가 요양병원으로 옮기신 지 열흘 만에 돌아가시기까지 100일 동안의 병원비로 3천만 원이 들었는데 그 비용을 감당하기가 쉽지 않았다.

한 유가족은 요양병원에 노부모님을 모시면서 수액 넣는 것과 진정제를 놓은 것만 하고 튜브(콧줄)로 영양식을 제공하는 것은 하지 말라고 요구하는 가족을 목격했다고 한다. 그 이유는 병원 치료비용에 대한 부담 때문이었다고 한다.

또 다른 한 유가족은 요양병원에서 부모님을 모시면서 간병인 비용으로 인한 부담을 크게 경험했다. 간병인은 자신이 당연히 해야 할 업무인 간병의 어려움과 고충을 이야기하며 정해진 간병비보다도 더 많은 돈을 요구하였다. 어느 정도 시간이 지나면 간병인의 요구 사항이 또 생기고, 그것을 또 돈으로 해결해야만 했다. 가족으로서는 부모님이 간병인에게 인질로 잡혀있는 듯한 느낌이었다.

병원비뿐만 아니라 장례비용도 큰 부담이 될 수 있음을 유가족은 이야기하였다. "가족이 십시일반 해서 병원비와 장례비를 마련할 수 있으면 괜찮지만, 여윳돈으로 2~3천만 원을 가지고 있기는 어렵다. 그런 돈이 준비되지 않은 상태에서 부모님이 돌아가셔서 가족은 난감해졌다. 더욱이 요즘은 장례를 치르는데 장례식장과 상조회사가 끼어있어서 그들이 제시하는 절차대로 따르다 보면 다 돈이다. 부모님이 돌아가시고 나서도 자식들은 앞으로 살아가야 하는데 병원비와 장례비가 크게 부담이 될 수밖에 없다."

여러 유가족의 이야기를 종합하면 생애 말기나 임종기의 간병이나 돌봄이 가족에게 육체적으로, 정신적으로 큰 부담이 되는데, 이 시기에 들어가는 병원비와 간병비, 그리고 임종 후 장례비 등이 남은 가족에게 또 다른 큰 부담이 될 수 있다.

주변에서 그러한 상황을 보고 들으며 살아온 노부모는 가족에게 자신이 짐이 되지 않기를 바란다. 그래서 노년기에 들어선 유가족 중 한 분은 자녀에게 어떠한 부담을 주지 않고 싶다며 심지어 "아들들에게 민폐가 되지 않도록 돈을 미리 모아놓고 그 돈으로 조력안락사가 가능한 스위스에 가야겠다."라고 말하기도 하였다.

불편함을 끼치지 않고 떠나기

시어머님의 시간이 많이 남지 않았음을 알게 된 며느리는 어머님의 임종 시간이 자기 직장 일정과 겹치게 될까봐 걱정하며 어머님이 주말까지 버텨 주시기를 속으로 바랐다. 유치원 교사인 며느리가 유치원 행사를 모두 마치고 난 다음 날인 토요일에 시어머님이 돌아가셨다. 며느리는 어머님이 가족에게 불편함이나 폐를 끼치지 않고자 하시는 평소 어머님의 성품대로 자신이 올 수 있을 때까지 임종을 미루시고 버텨 주신 것으로 생각하였다.

어느 유가족은 "좋은 죽음이란 돌아가시는 분만 좋아서 되는 것이 아니고, 가족들이 불편하지 않게 해야 한다."라고 하면서 "돌아가신 후 장례 절차를 비롯한 여러 일이 가족들에게 불편을 끼치지 않아야 하며, 그것을 고인도 원하였다."라고 하였다.

제9장
죽음과 삶의 의미

도스토옙스키는 "나는 내가 어디에서 왔는지 모른다. 나는 내가 어디로 가는지 모른다. 나는 왜 내가 존재하는지 내가 어떤 소용이 있는지도 모른다. 단 하나 확실한 것은 내가 곧 죽을 것이라는 사실이다. 그러나 내가 가장 모르고 있는 것은 바로 그 죽음이다."라고 말하였다. 죽는 그 순간 이후는 미지의 세계이기 때문에 우리는 죽음에 대해 무지할 수밖에 없다. 우리는 죽음을 학문적으로 또는 종교적으로 정의를 내리고 이해하려고 한다. 그리고 삶과 죽음이 이어져 있음에 따라 삶의 의미에서 죽음의 의미를 찾기도 한다.

죽음의 언어

죽음은 사전적 의미로 생물의 생명이 없어지는 현상을 말하고, 세계보건기구(WHO)는 소생할 수 없는 삶의 영원한 종말(정옥분, 2008)로 정의하고 있다.

죽음이라는 단어와 함께 우리는 주변에서 누군가 돌아가셨을 때, 사망(死亡)을 비롯하여 운명(殞命), 별세(別世), 작고(作故), 타계(他界), 서거(逝去), 소천(所天), 임종(臨終), 영면(永眠) 등의 여러 단어를 사용하고 듣기도 한다.

이 중에서 사망은 다른 생명체가 아닌 사람의 죽음을 뜻하며, 운명은 생명이 다했다는 뜻으로 사망선고 때 듣곤 한다. 별세, 작고, 타계는 윗사람의 죽음을 높여서 부를 때 사용하며, 서거는 사회적으로 비범한 인물의 죽음에 사용된다. 소천은 하늘의 부름을 받았다는 뜻으로 기독교계에서 통상 사용하고 있는데, 실제 소천이라는 단어는 사전에 없다. 영면은 영원히 잠든다는 뜻으로 죽음을 뜻한다. 임종은 사전적 의미로는 '사망하기 바로 전'이라는 뜻이지만, 일상적으로는 '숨을 거두다'라는 뜻과 '부모가 돌아가실 때 그 곁을 지킨다'라는 의미로 사용되고 있다(한국민속대백과사전).

이렇게 죽음을 뜻하는 표현이 다양하다는 것은 죽음을 직설적으로 다루기를 꺼리는 문화적 배경에 기인한 것일 수도 있다.

죽음의 정의

　의학을 비롯하여 생물학, 법학, 윤리학, 종교학, 철학, 사회학, 경제학 등의 다양한 학문 분야에서 사람의 죽음을 다루고 있으며, 각 분야의 특성을 반영하여 정의를 내린다.

　한국에서는 의료법 제17조 1항에 오직 의사, 치과의사, 한의사만이 사망선고를 할 수 있도록 명시되어 있다. 그렇다면 의사는 사망선고를 어떤 기준에 따라 하는 것일까? 의사는 심장, 폐, 뇌의 세 장기가 완전히 기능을 잃어서 회복할 가능성이 없을 때 사망한 것으로 판정한다. 즉, 의사는 먼저, 펜라이트를 환자의 동공에 비추어 동공이 산동되어 반응하지 않는 것으로 뇌의 기능 정지를 확인하고, 청진기를 가슴에 대어 호흡이 정지되어 호흡소리가 들리지 않는 것으로 폐 기능의 정지를 확인하며, 마지막으로 손가락을 경동맥에 대어 맥박이 없음을 확인함으로써 심장의 기능 정지를 확인한 후 "20**년 *월 *일 **시 **분, ***님께서 사망하셨습니다."라고 사망선고를 한다.

　법적으로 산 사람은 권리주체가 될 수 있지만, 죽은 사람은 권리주체가 될 수 없다. 따라서 의사가 죽음을 판정한 이후 이를 기초로 사망신고를 함으로써 가족관계등록부가 폐쇄되면 법률적으로 죽음이 인정되고 사람으로 행사하던 모든 권리를 상실하게 된다.

사회적으로 이미 죽었다라는 말도 한다. 이를 사회적 죽음이라고 하는데 사람이 현실 세계로부터 완전히 위축되어 사회적으로 무익하고 쓸모가 없다고 판정되는 상태를 말한다(김태현, 2007). 나이가 들어감에 따라 그동안 지속해 온 가정, 직장, 여러 단체에서 유지하던 지위와 역할을 더 이상 하지 못하게 됨에 따라 점차 사회의 중심에서 물러나 아무런 역할도 기능도 하지 못하는 상태가 된다. 그리고 죽음으로써 평생 맡아 온 모든 역할을 다 내려놓게 된다.

죽음에 대한 인식

사람들은 의학/임상적, 법적, 사회적 죽음의 정의로 죽음을 지식으로 이해한다. 그러나 죽음을 완전히 이해하고 받아들인 것은 아니다. 각자가 죽음에 대해 생각하는 의미나 해석은 다를 수 있다. 특히, 생애 말기 또는 임종기에 들어선 당사자와 가족이 '죽음을 어떻게 이해하는가?' 하는 질문은 곧 '죽음을 어떻게 받아들이는가?' 하는 문제와 연결된다.

노인을 대상으로 죽음에 대한 인식을 다룬 논문들을 종합하여 보면 노인은 죽음을 크게 세 가지 갈래 '자연으로의 회

귀', '영원한 안식', '새로운 삶이 시작되는 연속된 생의 과정'
으로 이해하고 있다(임연옥 2022).

죽음을 '자연으로의 회귀'로 생각하는 사람은 죽음을 생명
활동이 끝난 후 몸의 형체가 분해되고 흩어져서 다시는 돌아
올 수 없는 상태가 되어 자연으로 돌아가는 것으로 이해한다.
이러한 인식은 존재의 유한성을 인정하여 누구나 모든 사람
이 가야 함을 받아들인다.

죽음을 '영원한 안식'으로 생각하는 사람은 힘들고, 고단
하고, 허무한 삶으로 점철된 세상의 고통에서 해방되어 영원
히 누워서 쉴 수 있게 되는 것으로 이해한다. 이렇게 죽음을
생각하는 사람은 죽음으로써 평생 얽매였던 역할로부터 자
유로워지고, 전쟁 같은 삶에서 오랜 시간 동안 지고 온 신체
적, 정신적, 경제적 부담에서 완전히 벗어나게 된다고 생각하
므로 죽음을 편안하게 받아들인다.

마지막으로 '새로운 삶이 시작되는 연속된 생의 과정'으로
이해하는 사람은 삶과 죽음을 동전의 양면처럼 보지 않는다.
이승에서의 삶으로만 끝나지 않고, 미지의 사후세계로 이동
하여 새로운 삶을 시작하는 것으로 이해한다. 즉, 이승과 저
승의 삶이 죽음으로 단절되는 것이 아니라 죽음이라는 관문
을 통과해 미지의 삶을 연속해 나가는 과정으로 인식한다.

이러한 인식은 인터뷰에 응한 종교를 가진 고인이나 유가

족에게서 드러났다. "우리는 종교인이니까 때가 되어 하나님이 부르시면 편안하게 하늘나라에 가는 것," "주님의 자식이니까 주님 곁에 돌아가서 천국에서 주님과 함께 행복하게 사는 것"으로 이야기한다. 그래서 이들은 죽음 앞에서 "종교적으로 많이 내려놓게 되고, 연연해하지 않게 된다. 하느님이 부르시면 죽음을 선선하게 받아들일 수 있을 것 같다"라며 죽음에 순응하는 자세를 보였다.

삶의 의미와 죽음의 연결

죽음의 의미를 삶의 의미에서 찾기도 한다. 아버지 스님을 떠나보낸 제자 스님은 불교에서 의미하는 죽음을 다음과 같이 설명하였다. "꽃은 활짝 피었다가 진다. 그런데 우리는 꽃이 활짝 피었을 때만 기억한다. 마찬가지로 우리가 떠나간 사람을 기억할 때, 그 사람의 흔적이 남아 있고, 그 흔적을 기억하고, 추모하고, 그것을 우리가 계승하려고 한다. 그래서 죽는다는 것은 새로운 시작이기도 하다."

이는 사후에 좋은 사람으로 기억된다면 좋은 죽음이라고 인식한다는 연구결과와 맥을 같이한다. 좋은 일을 많이 한 사람, 베푸는 삶을 살았던 사람, 존경받는 좋은 이미지를 남기는 사람 등으로 기억될 때, 죽음으로 끝나는 것이 아니라 영원히 살아있는 것으로 기억된다고 여긴다.

실제 인터뷰에 참여한 유가족 중 몇 사람이 "그 사람 칠십 평생을 참 잘 살았어," "그 영감 너무 아까운 사람이 갔어."와 같은 이야기를 들을 때, 사망 후 고인이 사람들에게서 완전히 잊히는 것이 아니라 사람들의 기억 속에 오래도록 함께 살아 있는 것이라고 말하였다.

한 유족은 "죽음의 여정은 혼자 떠나는 것이기는 하지만, 내가 얼마나 많은 사랑을 주고 떠나는가? 내가 얼마나 많은 사랑을 받았는가? 를 생각하면서 생에 대한 기억이 얼마나 충만한지에 따라 죽음의 의미도 달라지고, 죽음을 받아들이는 태도도 달라질 수 있다"라고 하였다. 레오나르도 다빈치가 "잘 보낸 하루가 행복하게 잠들게 하듯이, 잘 살아온 인생은 행복한 죽음을 가져온다."라고 하였던 말과 같은 의미로 받아들여진다.

한편, 다른 한 유족은 "아버지는 당신이 세상에 와서 이루어 놓은 것도 없고, 한 것도 없이 이렇게 떠나게 되었다며 자신의 인생에 대해서 매우 불만족해 하셨다."라고 말하였다. 이상의 사례들을 통해 임종기에 회고하는 삶의 의미가 곧 다가올 죽음을 맞는 모습에 반영됨을 알 수 있었다.

결국 삶과 죽음을 존재하는 방식이나 형태의 차이로 이해함으로써 죽음을 끝이 아닌 삶의 연속선상에서 받아들일 때, 편안하게 임종할 수 있다. 편안한 임종을 위해 한 유가족은 노년기 죽음 교육의 방향에 대해 제언하였다.

"노후 준비에 대한 교육이 필요하다고 생각합니다. 죽음까지도 포함해서요. 죽음은 끝일 수 있지만, 노후 생활이 어떠냐에 따라서 죽음의 모습이라든가 죽음의 양상이나 상태나 기타 등등이 다 연결이 되어 있잖아요. (중략) 우리나라에서 꽤 오래전부터 죽음 교육을 하고 있다는 것을 알고 있는데, 유서 쓰기라던가 관에 들어가는 체험 같은 것 말고요." 죽음 준비 교육에서 유서 작성, 장례 준비, 죽음과 관련된 논쟁 다루기, 사별 후 적응 등과 같은 현실적이고 실용적인 문제를 다루는 것도 중요하지만, 자신의 전 생애를 돌아봄으로써 삶과 죽음의 의미가 무엇인지 스스로 정립할 수 있도록 반성적 성찰의 시간을 갖도록 해야 함을 강조하였다.

제10장
죽음의 질의 현재와 미래

어머니의 자궁에서 육신의 옷을 입고 출산 과정을 거쳐 이 세상에 왔다면, 죽음은 육신의 허물을 벗고 다른 세상으로 옮겨 가는 또 다른 출산 과정일 수 있다. 출산 과정에서 고통이 따르는 것처럼, 죽음의 과정에서도 고통은 피할 수 없다. 죽음의 과정에서 겪는 고통을 죽음에 이르는 생의 마지막 순간까지의 삶의 질이라고 할 수 있으며, '죽음의 질'을 의미한다. 죽음에는 신체적, 심리적, 사회적, 영적 통증이 수반된다. 이러한 죽음의 질을 개선하기 위해서는 준비가 필요하다. 순산을 위해 여러 가지 준비를 하는 것처럼, 임종 과정에서도 개인, 가족, 사회, 정부 차원에서 노력과 지원이 필요하다.

열악한 죽음의 질의 현실

"쇠약해진 아버지는 남동생 품에 안겨서 양쪽 손은 평생을 함께한 어머니와 제 손을 잡은 채, '후~' 하고 긴 숨을 내쉬더니 원하시던 대로 집에서 조용히 그리고 평화롭게 숨을 거두셨어요." 한 유가족이 1년 전 아버지 임종 상황을 눈물을 글썽이며 이야기한 내용이다. 이 사례처럼 누구나 편안한 죽음을 맞고 싶어 하지만, 현실은 그렇지 못한 경우가 많다.

인터뷰에 응한 유가족들에게 고인의 입장 또는 유가족의 입장에서 죽음의 질을 최악의 상태 0점에서 최고로 좋은 상태 10점으로 평가해 주기를 요청하였다. 죽음의 질을 최악이라고 한 사례들이다.

육체적으로 겪은 고통이 극심했을 때, "집사람은 그냥 '하나님'하고 기도하다가 편안하게 잠자다가 갔으면 좋겠다고 했지요. 그런데 너무 힘들었죠. 3년 동안 투병이라는 게… 암이라는 병이 아주 고약하고 나쁜 병이고 정말 하나님을 원망하지 않을 수가 없는 거죠. 아내는 왜 나를 그냥 편안하게 자다가 데려가시지 왜 이렇게 나에게 고통을 주시고 힘들게 만드셨는지 원망하게 되었지요."

오랜 기간 와병 상태로 연명하며 지냈을 때, "어머님은 2013년에 병원에 가셨어요. 그러니까 한 7, 8년을 누워 계셨다가 가셨어요. 그러니까 본인 입장에서는 빵점이죠."

원하던 대로 집에서 임종하지 못하였을 경우, "아버지는 빵점이라고 하실 것 같아요. 왜냐하면 본인 원하는 대로 집에서 못 있었고 마지막에 그렇게 집에 가고 싶었는데 집에 갈 수가 없었어요."

'연명 셔틀'을 하다가 죽음을 맞은 경우에도 죽음의 질을 좋지 않게 평가하였다. "3개월 정도 거동이 좀 불편해서 중환자실에 계시다가 일반병실을 왔다 갔다 하셨고. 그러다가 이제 병원에서 좀 나아져서 요양병원에 가셨다가 다시 안 좋아져서 병원에 들어가셔서 일주일 만에 돌아가셨어요."

또한 마지막 몇 개월 동안 가족이 감당해야 하는 간병이나 병원비 등의 부담이 컸을 때 역시 죽음의 질을 좋지 않게 평가했을 것이라고 답한 가족도 있었다.

한편, 오랜 시간 아프지 않고 임종을 한 경우, 고통 없이 임종한 경우, 아내나 가족의 간병을 받으며 집에서 돌아가신 경우에는 죽음의 질을 7~9점 정도로 비교적 좋게 평가하였다.

"다른 사람들은 진짜 몇 년씩 아파서 고생 고생 해가면서, 그리고 옆에 있는 사람들을 고생시키면서 돌아가셨는데, 아버지는 살아있을 때는 엄마를 고생 많이 시켰지만 돌아가실 때는 엄마도 고생 안 시키고 당신도 편안하게 그냥 돌아가시고 안 아프고 돌아가셨어요. 저는 그게 한 9점 정도 드리고 싶어요."

당사자의 자기결정권과 존중

죽음의 질을 높이기 위한 방안에 대해 언급하면서 당사자의 죽음 준비를 언급하지 않을 수 없다. 죽음 준비에는 임종 전 준비와 임종 후 준비, 두 가지가 모두 포함되어야 한다. 임종 전 준비로는 생애 말기 돌봄 장소와 돌봄 방식, 임종 장소, 연명의료에 대한 의향 등을 밝히는 것이며, 사후를 위한 준비로 장기기증이나 시신 기증, 장례 방식, 제사 방식, 유산 정리 등에 대한 의사를 밝히는 것이다. 이러한 내용들을 말, 글, 영상, 서류 등의 방식으로 준비해 놓을 수 있다.

의식이 흐려져 당사자가 직접 결정을 내리기 어려운 상황에 처했을 때, 그리고 임종 후 고인을 돌보아야 할 때, 그가 생전에 표현했던 의사를 통해 고인이 원하는 바를 분명하게 이해하고 결정을 내리고 따를 수 있다. 그렇지 않을 경우, 가족들 간에 불화가 생길 수도 있고, 가족은 오랫동안 죄책감을 느끼며 고통 속에서 살아갈 수 있다. 따라서 죽음과 관련된 의사를 표현하는 것은 죽음을 앞둔 본인의 자기결정권을 존중받는 길이며, 가족이 임종기와 사후 돌봄을 함에 있어서 혼돈에 빠지지 않고 차분하게 임할 수 있도록 배려하는 방법이다.

죽음의 과정에 대해 앎

맨들린 번팅은 그의 저서 '사랑의 노동'에서 임종을 앞둔 사람을 돌보는 것을 '뱃사공의 임무'로 표현하고 있다. 죽음의 여정에 들어선 사람은 다른 이의 돌봄에 의지해서 죽음에 이르게 된다. 그러므로 죽음을 향해 가는 사람의 필요를 채워주고 보살피는 일을 하는 사람, '뱃사공'이 당연히 필요하다. 뱃사공은 가족이나 지인이 될 수도 있고, 의사와 간호사를 비롯한 사회복지사나 요양보호사와 간병인 등이 될 수도 있다.

맨들린 번팅은 인간이 경험하는 탄생과 죽음에 있어서, 그 경로를 이끌어 주는 산파가 둘 다 필요한데, 탄생에 대해서는 조언과 지침이 무수히 많지만, 죽음에 대해서는 모두가 침묵하고 있음을 지적하고 있다. 뱃사공은 있으되 뱃사공이 제 역할을 하지 못함을 꼬집고 있다.

인터뷰에 참여한 많은 유가족이 통증 조절 방법, 연명의료의 방법, 집에서의 임종기 돌봄 방법, 임종 증상과 임종 후 대처, 시신 기증 후의 절차 등에 대해 거의 알지 못했고, 자세하게 설명조차도 들은 기회도 없었다. 아마도 죽음과 관련된 이야기를 먼저 꺼내는 것이 모두에게 힘들었으리라 짐작된다. 그래서 유가족은 쇠약해지는 환자를 지켜보는 낯설고 예측하기 어려운 시간을 발등에 떨어진 불을 끄기에 급급해하고 망연자실하며 보내는 경우도 많았다.

죽음 자체는 어느 누구도 경험하지 못한 현상이므로 무지할 수밖에 없지만, 죽음의 과정에 대해서는 무지에서 벗어날 수 있다. 앞에서 언급한 뱃사공이 죽음의 과정에서 자신이 맡은 고유 역할을 수행하는 데 집중하는 것도 중요하지만, 죽음과 관련된 정보들을 투명하고 친절하게 당사자뿐만 아니라 가족들에게 알려주는 것도 그 역할 안에 포함되어야 한다.

물론 의사나 간호사와 같은 의료진, 간병인이나 요양보호사와 같이 돌봄서비스 제공자일지라도 임종기 돌봄의 경험이 부족하고 모든 것을 다 알지 못할 수 있다. 그렇지만 죽음의 과정에서 겪는 불안과 혼란을 줄이고 당사자와 가족이 마지막 시간을 의미 있게 보내며 죽음의 질을 조금이라도 높이기 위해서는 죽음의 과정에 대해 알려주고 알기를 멈추어서는 안 된다. 유가족 중의 한 사람이 죽음의 과정에 이르는 '지도'가 필요하다고 이야기하였다. 그 지도를 제공하는 역할을 해주는 사람이 있을 때, 죽음의 질이 조금 더 나아질 수 있으리라 생각된다.

임종기 돌봄을 위한 서비스와 제도

의식이 명료할 때 자신의 임종기 돌봄에 대해 여러 방식으로 밝혀 놓을 수 있지만, 마지막 순간 바라는 대로 이루어지기가 쉽지 않다. 어떠한 상태에서 임종기에 들어가게 될지, 그 기간이 얼마나 길지는 누구도 예측하기 어려울 뿐만 아니라 임종기에 들어서면 본인보다는 배우자나 가족과 의료진에 의해 임종 양상이 좌우될 수 있기 때문이다. 그러므로 당사자가 선호하는 임종 장소에서 편안하게 임종 돌봄을 받을 수 있도록 그 가능성을 높이기 위해서는 당사자와 유가족이 필요로 하는 여러 서비스와 사회 제도적 장치가 마련되어야 한다.

사람들은 살던 집에서 가족들에게 둘러싸여 편안하게 죽음을 맞고 싶어 한다. 그런데 정작 사람들은 집에서 보살핌을 받다가도 위급해지면 119를 불러 응급실로 달려가고, 응급실이나 병실을 벗어나지 못하고 임종을 맞게 된다. 그리고 집에서 임종한 사례 중에서는 가족에게 둘러싸여 임종을 맞고 싶어 했지만, 가족이 임종 증상을 알지 못하여 임종 후에 발견하거나 임종기 돌봄 방법을 제대로 알지 못해서 당황스러워하는 경우도 있었다.

인터뷰에 응한 유가족들은 연명의료의향서 작성, 가정형 호스피스, 방문진료를 위한 의사 왕진, 임종실 마련과 같은 제도가 확충되어야 함을 언급하였다. 2023년 기준 38개소에서 가정형 호스피스서비스를 제공하고 있고, 2024년부터 방문진료 시범사업이 실행되고 있으며, 2025년 8월부터 300병상 이상의 종합병원과 요양병원에 임종실 설치가 의무화되었다. 현재 이러한 서비스들이 실행 되고 있거나 준비 중이지만, 여러 제한점으로 인해 보편적으로 이용할 수 있도록 확산되기에는 해결해야 할 문제들이 산재해 있다.

고령자 차별의 연속선상에서의 죽음의 질

앞에서 언급한 고령자에 대한 이러한 제도나 서비스들이 자리 잡기 어려운 것은 고령자 차별과 연관될 수 있다. 한정

된 재정으로 세대 간 분배가 이루어지는 과정에서 고령자에 대한 제도나 서비스는 뒷순위로 밀려나기 쉽기 때문이다.

베르나르 베르베르가 발표한 소설집 '나무'를 펼쳐보면 중간 부분에 '황혼의 반란'이라는 단편소설이 나온다. 그 소설 내용을 요약하면 다음과 같다.

'노인의 수가 늘어나고 노인들로 인해 사회에서 받는 부담이 커짐에 따라 일정 나이에 이르러 노인이 되면 CDPD라는 기관에서 노인을 잡아간다. 생일날 한 용감한 노부부는 CDPD가 잡으러 온 것을 피해서 산으로 도망갔고, 동굴에 은신처를 마련하였다. 그리고 그들이 중심이 되어 동굴에 도망쳐 나온 노인들이 모여 살게 되었다. 노인들은 부당함에 맞설 용기가 있었고, 그들의 삶 속에서 쌓아온 지혜를 모아 문제를 해결하면서 잘 살아가고 있었다. 그런데 이러한 사실이 소문이 나자, 나라에서는 노인들이 사는 동굴 위로 전염병 바이러스를 퍼뜨려 노인들을 다 죽여버렸다. 그런데 정말 중요한 것은 그 전염병 바이러스를 뿌린 당사자들은 자신들도 노인이 되어간다는 것을 잊고 있었다는 사실이다.'

고령자 차별, 또는 노인 차별이 성차별이나 인종차별과 달리 더 중요하고 심각한 이유를 설명할 때 위의 단편소설을 자주 언급하곤 한다. 누구나 노화를 피할 수 없고, 죽음을 피할 수 없기에 고령자, 특히 생애 말기의 고령자를 차별하는 것은 머지않은 미래의 자기 자신이 차별받도록 미리 자리를 깔아놓는 것이다.

같은 맥락에서 죽음의 질을 지금 상태로 방치한다면, 가까운 미래에 내가 겪을 죽음의 질은 더 혹독해질 수 있다. 그 점을 기억하고 죽음의 질 개선을 위해 각 개인이, 가족이, 그리고 우리 사회가 관심을 가지고 노력해야 할 때이다.

참고문헌

국립연명의료관리기관, 연명의료결정제도
　　　(https://www.lst.go.kr/main/main.do)
김태현. 2007. *노년학*. ㈜교문사.
롤란트 슈츠. 2019. *죽음의 에티켓*. 노선정(역) 스노우폭스북스.
맨들린 번팅. 2022. *사랑의 노동*. 김승진(역). 반비.
베르나르 베르베르. 2003. *나무*. 이세욱(역). 열린책들.
알폰스 데켄, 1999. *죽음을 어떻게 맞이할 것인가*. 궁리.
약학정보원. 마약성 진통제. 약물백과.
엘리자베스 퀴블러 로스, 데이비드 케슬러. 2009. *인생수업*. 류시
　　　화(역). 이레.
임연옥. 2022. 한국인의 죽음에 대한 태도: 메타 질적 분석의 적용.
　　　생사학연구, 3: 129-163.
임연옥, 장대영, 최대로, 강석윤, 박영석, 윤현숙, 이현주, 김여진,
　　　남일성, 최경원. 2016. 의사의 노인 암 환자에 대한 차별:
　　　암 진단 고지와 치료 설명을 중심으로. *임상건강증진학*
　　　회지, 16(2): 101-110.
정옥분. 2008. *성인노인심리학*. 학지사.
한국민속대백과사전
　　　(https://folkency.nfm.go.kr/kr/topic/detail/359)

지은이 소개

임연옥

이화여자대학교에서 신문방송학과 사회복지학, 메릴랜드 주립대학교에서 노년학을 전공하였다. 한림대학교 고령사회연구소에서 2008년부터 노년기 삶의 질과 관련한 연구를 하여 왔으며, 2023년 가을에 퇴직하여 개인 연구자로 활동하고 있다. 노인암환자, 치매노인, 우울한 노인, 자살위기 노인, 학대 피해노인의 삶에 대해 관심을 갖고, 그들의 삶의 질을 개선하기 위한 개입 방안을 제안하는 연구에 집중해 왔다. 대표 논문으로 「항암화학요법 치료 중인 노인 암환자의 자가 건강관리 도구 개발: 건강관리 일기장의 효과성 검증」(2018), 「자살예방을 위한 독거 우울 노인 대상 문제해결치료 프로그램의 효과성」(2018), 「노인암환자의 우울증에 대한 문제해결치료 프로그램 효과성」(2018)이 있으며, 저서로 문제해결능력 향상을 위한 상담의 길잡이: 노인 우울 예방을 위하여」(2021)와 「행복한 노인은 누구인가. 노년기 삶의 현실 분석」(공저)(2023) 등이 있다.

하정임

성균관대학교에서 불어불문학과 사회복지학을 전공하였고, 프랑스 파리사회과학고등연구원(EHESS)에서 사회학 박사학위를 취득했다. 한림대학교 고령사회연구소에서 연구활동을 하고 있다. 가족지원 및 돌봄 분야 전공자로서, 정보통신기술(ICT) 수단의 가족돌봄에의

통합과 영향에 대해 관심을 가지고 연구를 지속하고 있다. 생애주기에서 취약 노인의 삶의 질 개선을 모색하기 위한 연구를 진행하고 있다. 논문으로는 「정보통신기술(ICT) 수단을 매개로 한 초국적 가족의 이중 현존재 탐색연구」(2024), 「프랑스 방과후돌봄서비스 현황 및 운영체계 연구」(2022), 「프랑스 한국유학생들의 학업이주 경험(2000년대와 2010년대)」(2022) 등이 있으며, 저서로는 「서울형 아이돌봄비 지원사업 민간기관 선정과 협력 방안」(공저)(2023) 등이 있다.